AF542424

STATUTS,
ORDONNANCES
ET REGLEMENS
DE LA COMMUNAUTÉ
DES
MAISTRES TOURNEURS
de la Ville & Fauxbourgs de Paris.

A PARIS,

Chez VALADE, Libraire, rue Saint-Jacques, vis-à-vis les Mathurins.

M. DCC. LXXIII.

Les préſens Statuts on été faits & réimprimés, ſuivant les ordres de Monſieur DE SARTINE, *Conſeiller d'Etat, & Lieutenant-Général de Police, par les ſoins, & ſous la Jurande*

de Mrs. GARDIEN.
MERCEROT.
LE COMTE.
PAGNIER.

MM. les Officiers de la Communauté.

Mrs.
DE LA BALME, Avocat aux Conſeils du Roi.
THOREL, Avocat au Parlement.
FERRAND, Commiſſaire.
MORIN, Notaire.
AUGIER, Procureur au Parlement.
CORNISSET, Procureur au Châtelet.
LE FAUCHEUR, Huiſſier à Cheval au Châtelet.

Caro, *Clerc de la Communauté.*

Le Bureau de la Communauté eſt rue du Monceau-Saint-Gervais.

STATUTS,

ORDONNANCES

ET RÉGLEMENTS

DE LA COMMUNAUTÉ

DES MAISTRES TOURNEURS

de la Ville & Fauxbourgs de Paris.

Extrait des Registres du Greffe Civil du Châtelet de Paris.

Du Samedy 7 Février 1739.

EST comparu Maître Jean Lefort, Procureur de Pierre Lemoine, Jean Jerôme & autres, lequel après avoir pris la communication en notre Greffe, des Articles des Statuts de la Communauté des Maîtres Tourneurs à Paris, mis en notredit Greffe le 30 Janvier dernier par Me Perrot, Procureur des Jurez de ladite Communauté, Nous a requis de lui délivrer copie collationnée de ladite piéce, & jusqu'à ce, en empêcher la remise du donataire, & a signé au registre.

Ensuit la teneur desdits Statuts.

STatuts & Ordonnances faits & rédigés par écrit, suivant les quatriéme & dix-huitiéme articles des Ordonnances des Etats d'Orléans, sur le fait, manutention & gouvernement du métier de Tourneur de la Ville, Fauxbourgs & Banlieue de Paris, au profit & utilité de la chose publique, pour éviter aux fautes, abus & entreprises qui se commettent journellement audit état, desquels la teneur ensuit.

ARTICLE PREMIER.

Qu'audit métier de Tourneur, il y aura deux Prud'hommes, qui seront élus par-devant notre Procureur au Châtelet de Paris, en la maniere accoutumée, pour être Jurez & Gardes dudit métier, lesquels auront puissance & pouvoir de visiter en la Ville &

Fauxbourgs de Paris, tous ouvrages & marchandiſes dudit métier, tant ès maiſons des maîtres dudit métier, que autres lieux de cette Ville & Fauxb. de Paris, où ils seront avertis qu'il y aura de la marchandiſe de leur état, faire corriger & réparer les fautes & abus qui y ſeront commis, & y faire tous autres exploits que les Jurez des autres métiers de cette Ville peuvent & doivent faire en cas ſemblable.

II. *Item.* Quiconque voudra être maître dudit métier, ſeront tenus de payer ſix livres pariſis; ſçavoir eſt, quarante ſols pariſis pour le droit du Roy, autres quarante ſols pariſis à la Confrérie du métier, & autre ſemblable ſomme de quarante ſols pariſis aux Jurez d'icelui métier, & fera le ſerment par-devant notre Procureur, comme ci-deſſus eſt dit.

III. *Item.* Nul compagnon dudit métier, ne pourra parvenir à la maîtriſe, qu'il n'ait ſervi comme apprentif l'un des maîtres dudit métier, le tems & eſpace de quatre ans entiers, & qu'il ne faſſe apparoir ſon brevet d'apprentiſſage.

IV. *Item.* Que les compagnons qui auront ſervi en cette Ville ou ailleurs chez un des maîtres dudit métier pour le tems & espace de quatre ans, après leur apprentissage fini , ne pourront être reçus maîtres dudit métier & tenir boutique de maître Tourneur en cette-dite Ville , si les maîtres qu'ils auront servis en cette Ville ne se trouvent contents d'eux, & qu'ils ne soient trouvés suffisamment capables par les Jurez dud. métier, en faisant le chef-d'œuvre qui leur sera baillé par lesdits Jurez, en payant les droits que dessus est dit.

V. *Item*. Que nul maître dudit métier tenant boutique en cette Ville de Paris , ne pourra tenir plus d'un apprentif , lequel sera obligé à eux , pour le tems & espace de quatre ans & non moindre, sur peine de quarante sols parisis d'amende, la moitié applicable au Roy, & l'autre moitié auxdits Jurez.

VI. *Item*. Si un desdits maîtres a tenu un apprentif obligé à lui pour le tems & espace dessus dit, il sera loyable audit maître de prendre un autre apprentif avec lui , pendant la derniere année de l'apprentissage dudit premier apprentif & non plutôt, sur peine de pareille amende, applicab. comme dessus.

VII. *Item*. Si l'un desdits apprentifs,

pendant le tems de ſon apprentiſſage, s'enfuit ou s'abſente hors de l'hôtel de ſon maître, étant demeurant en cette Ville ſans fraude, il ſera loiſible audit maître de prendre & avoir un autre apprentif, & icelui faire obliger avec lui pour le tems, & ainſi que deſſus eſt dit.

VIII. *Item.* Que nul maître dudit métier, demeurant ès Fauxbourgs & Banlieue de Paris, ne pourra tenir aucun apprentif ni ſerviteur pour beſogner avec lui, ſur peine de pareille amende, applicable ainſi que deſſus.

IX. *Item.* Que nul maître dud. métier ne pourra tenir & avoir en ſa maiſon aucun compagnon dudit métier qui ſoit alloué ou obligé avec un autre maître, pendant & durant le tems de ſadite obligation, il ſera tenu le rendre audit maître, auquel il ſera trouvé obligé, pour achever ſondit tems, ſur peine de pareille amende que deſſus eſt dit.

X. *Item.* Que les fils de maître de chef-d'œuvre, qui auroient ſervi audit métier, ſoit leurs peres ou autres maîtres, pourront parvenir à la maîtriſe & gagner franchiſe, ſans être tenus de montrer aucun brevet d'apprentiſſage, ni faire aucun chef-d'œuvre, ayant atteint l'âge de dix-huit à vingt ans ; en payant toutesfois les droits, tant du Roy, que de la Confrérie aux Jurez, tel que dessus est dit.

XI. *Item.* Que les fils de maîtres de lettres de don, qui n'auront fait chef-d'œuvre, ne pourront parvenir à la maîtrise & gagner la franchise, sinon en faisant par eux expérience, & payant les droits tels que dessus est dit.

XII. *Item.* Que les maîtres dudit métier, seront tenus de besogner en leurs ouvrages de bois non heurdy ni pourry, & mettre en leurs besognes de bons tenons non rompus ni cassés, & en tous bons ouvrages & assemblages, sur peine de saisie, confiscation & amende qu'il plaira arbitrer à justice.

XIII. *Item.* Que tous les marchands forains se mêlans de faire amener ou amener des marchandises concernant l'état du métier de Tourneur en cette Ville de Paris, qui est comme jattes, aulges à Maçons, pelles, courges, échelles, quenouilles & fuzeaux, boëtes de futs de miroirs, mortiers & pillons de bois, chandelliers de bois, & toutes autres marchandises dépendantes du métier de Tourneur, seront tenus de les amener & décharger leurs marchandiſes à la Halle de cette Ville de Paris, pour y être vues & viſitées par les Jurez dudit métier, ſans que auparavant il leur ſoit loyale d'icelles, vendre & expoſer en vente, ſur peine de ſoixante ſols pariſis d'amende, applicable comme deſſus eſt dit.

XIV. *Item.* Que pour éviter aux monopoles & abus qui ſe pourroient doreſnavant commettre entre les maîtres dudit métier, & marchands forains arrivans, leurs marchandiſes dudit métier de Tourneur en la place des Halles, il ne ſera loiſible à aucun maître dudit métier de s'y loger ni avoir boutique eſdites Halles & enclos d'icelles, ainſi ſe logeront ès autres lieux & endroits de cette Ville, ſur peine d'amende arbitraire.

XV. *Item.* Que leſdites marchandiſes foraines étans viſitées, ſi elles ſe trouvent vicieuſes, elles ſeront confiſquées, ſi tant eſt qu'elles ne puiſſent être amandées par leſdits marchands forains ou autres, & ce qui ſe trouvera de bon de ladite marchandiſe après la viſitation faite, ſera loty entre les maîtres dudit métier de Tourneur qui voudront avoir d'icelles.

XVI. *Item.* Que nul maître dudit

métier de Tourneur, ſoit demeurant en cette ville, fauxbourgs & banlieue, ne peuvent aller ou envoyer au-devant des marchandiſes foraines pour en fruſtrer ſes compagnons, ſur peine d'être par lui privé de ladite marchandiſe & de quarante ſols pariſis d'amende, applicable comme deſſus.

XVII. *Item.* Que tous maîtres compagnons dudit métier de Tourneur, beſognans ſous les maîtres, ne pourront mettre & employer aux ouvrages de leurdit métier, toutes ſortes de bois ſans réſerve pourvu qu'il ſoit bon, loyal & marchand, & qu'il ne ſoit heurdy, pourry ni échauffé.

XVIII. *Item.* Que s'il advient qu'aucun maître dudit métier de Tourneur allât de vie à trépas laiſſant ſa veuve, icelle veuve pourra tenir ouvriers & faire travailler en ſa maiſon ouvriers ou compagnons, pourvu qu'il n'ait fait apprentiſſage chez un des maîtres de cette ville, pendant le tems de ſa viduité ſeulement, ſans qu'il lui ſoit loiſible d'avoir aucun apprentif, ſur peine de pareille amende, applicable comme deſſus.

XIX. *Item.* Qu'il ne ſera loiſible à aucune perſonne de cette ville de Paris ou d'ailleurs, de se mêler dudit état de Tourneur, ni faire faire en sa maison aucuns ouvrages dudit état ; Sçavoir est, comme Boisseliers, Vanniers, Menuisiers & autres, qui ont accoutumés d'entreprendre sur ledit état de Tourneur, comme jattes, auges à Maçons, pelles, courges, bâtons, cuillieres, échelles, quenouilles, ratelliers, fuzeaux, boëtes, futs de miroirs tournés, mortiers, pillons de bois, chandeliers, fauchets, rateaux, battoirs, collés, nervés, couverts de parchemin pour jouer à la paulme, & toutes autres semblables choses concernant ledit état de Tourneur, & dont ils sont accoutumés de jouir & user si ils ne sont maîtres dudit métier de Tourneur, sur peine de confiscation de ladite marchandise & d'amende arbitraire.

Registré, oui sur ce & consentent le Procureur-Général du Roy. A Paris, en Parlement le douziéme jour de Mars, l'an mil cinq cent soixante & treize. Signé, *DE SEVE, avec grille & paraphe ; & ensuite est écrit.*

ARTICLES, qui, ſous le bon plaiſir du Roy ſeront mis & augmentez aux anciennes Ordonnances & Priviléges des maîtres Tourneurs, en toutes ſortes de bois, de la Ville & Fauxb. de Paris.

PREMIEREMENT.

QU'il ſera permis auxdits maîtres Tourneurs de faire & parfaire & façonner tous métiers dont s'aident les Paſſementiers & Rubanniers-Tiſſutiers; enſemble de toutes ſortes de challis auſſi de bois.

XX. *Item.* Tous pieds de bahuts, toutes ſortes de chaiſes couvertes de feure; enſemble tous talons de bois ſervant à ſouliers, liéges & patins, & toutes ſortes de ratelliers de toutes grandeurs & longueurs, ſervans à brocher que autrement.

XXI. *Item.* Des coffres, de rouets & tournettes de toutes ſortes de bois; pareillement feront des paraſols de toutes façons, même des billes & billards à jouer par terre & autres; toutes ſortes de ſelles à trois ou quatre pieds, & toutes ſortes de tournettes; des boules & paille-mailles, toutes cages tournées, tant à la pleine qu'au tour, de toutes ſortes de bois.

A TOUS ceux qui ces présentes Lettres verront, Jacques Daulmont, Chevalier, Baron de Château-Vieux, de Dun & de Patteau, Conseiller du Roy, Gentilhomme ordinaire de sa Chambre, & Garde de la Prévôté de Paris; SALUT: Sçavoir faisons, que aujourd'hui datte de ces présentes, les trois articles ci-dessus transcrits, ont été insérés & ajoutés aux présentes Ordonnances, suivant les Lettres-Patentes du Roy du mois de Février mil six cent, cy-attaché à cette présente Ordonnance, sous le contre-scel: Arrêt de la Cour du Parlement du dix-sept Février dernier; ces présentes de nous données cejourd'huy: en témoin de ce, nous avons fait mettre à ces présentes le scel de la Prévôté de Paris. Ce fut fait au Chastelet de Paris, le mercredy vingt-huitiéme jour de Mars 1601, avec grille & paraphe.

AUDESSON & DRIMARRE.

Délivré par copie collationnée par nous Greffier soussigné, au désir du requisitoire du sept du présent mois, sur l'original de nous paraphé en tête, pour servir & valoir ce que de raison, ce onze Février mil sept cent trente-neuf.

Signé & paraphé, ***DU CHATELLIER.***

ARREST
DE LA COUR DE PARLEMENT.

Du 2 Juin 1576.

Extrait des registres du Parlement.

COmme de certaine Sentence donnée par notre Prévôt de Paris ou son Lieutenant, le 15 Mai 1574, entre les maîtres Vaniers-Quincailliers en notre bonne Ville de Paris, demandeurs en saisie d'une part : & les maîtres Boisseliers en icelle notred. ville, défendeurs & opposans à ladite saisie d'autre part ; par laquelle notredit Prévôt ou sondit Lieutenant pour le regard de ladite saisie, auroit mis lesd. parties hors de Cour & de procès, & ordonné que la marchandise saisie seroit rendue & restituée ausdits défendeurs, & fait défenses ausdits demandeurs faire telle saisie sur iceux défendeurs sans dépens ; eut été de la part desd. demandeurs appel à notre Cour de Parlement, en laquelle lesd. parties ouies en leurs causes d'appel, & le procès par écrit conclu & reçu pour juger, si bien ou mal auroit été appellé, joints les griefs hors le procès, prétendus moyens

moyens de nullité, & production nouvelle desd. appellans qu'ils pourroient bailler dans le tems de l'Ordonnance, ausquels griefs & prétendus moyens de nullité lesd. intimés pourroient répondre, & contre ladite production nouvelle bailler contredits aux dépens desdits appellans; jointe aussi l'appellation verbale interjettée par lesd. appellans d'une autre Sentence contr'eux donnée par notre Prévôt ou sondit Lieutenant, le 30 jour dudit mois de Mai aud. an, au profit desd. intimés, sur laquelle auroit été ordonné que les parties écriroient leurs causes d'appel, & répondroient par leurs mêmes griefs & réponses, si bon leur sembloit, dedans huitaine, pour le soutenement de laquelle appellation verbale, & aux fins d'icelle seulement produiroient lesd. parties tout ce que bon leur sembleroit dedans lad. huitaine, pour en jugeant ledit procès être fait droit ensemblement ou séparement, ainsi que ladite Cour verroit être à faire par raison; aussi jointes les offres desd. appellans, contenues en ladite conclusion audit procès par écrit. Vu ledit procès, griefs & réponses forconclusion de fournir production nouvelle, Arrêt du 5 jour de Décembre 1575, par lequel, ſur l'appellation verbale par leſdits appellans, interjettée d'autre Sentence donnée par ledit Prévôt ou ſon Lieutenant Criminel, entre leſdites parties, le 11 jour d'Août audit an; elles auroient été appointées au Conſeil, après que pour toutes cauſes d'appel & défenſes, elles auroient employé tout ce qu'elles auroient allégué par leurſdits griefs & réponſes, auſſi jointe ladite appellation aud. procès par écrit, ſur laquelle leſd. parties pourroient produire tout ce que bon leur ſembleroit dedans huitaine pour leur être fait droit; production reſpectivement faite par leſdites parties ſur leſdites appellations. Concluſions de notre Procureur-Général, Autre Arrêt du 18 Février 1576, par lequel notredite Cour avant procéder au jugement dudit procès, auroit ordonné que ſix notables bourgeois de ladite ville qui ſeroient pris & nommés d'office par l'exécuteur dudit Arrêt, ſeroient ouis ſur certains faits réſultans & qui ſeroient extraits dudit procès; & cependant auroit fait inhibitions & défenſes reſpectivement auſd. parties, de procéder par voies de ſaiſie ſur les ouvrages, marchandiſes les uns des autres, jusqu'à ce qu'autrement en eût été ordonné; enquête faite d'office suivant ledit Arrêt, reçue pour juger. Le tout diligemment examiné. Notred. Cour, par son jugement & arrêt pour le regard desdites appellations verbales, a mis & met les appellations au néant, sans amende, & les parties hors de Cour & de procès sans dépens; & faisant droit sur le procès par écrit, en vertu de ce qui a été fait de nouvel, a mis & met l'appellation & sentence de laquelle a été appellé au néant, sans amende & dépens, tant de la cause principale que d'appel : Et en émendant lad. Sentence, a mis & met lesd. parties hors de Cour & de procès; pour raison de ladite saisie, ordonne que la marchandise saisie sera rendue & restituée ausdits intimés; & au surplus, fait inhibitions & défenses ausd. Boisseliers de faire & ouvrer en manufacture du métier desd. Vaniers, & acheter des Vaniers demeurans en notred. ville de Paris & fauxbourgs, marchandises & manufacture de leurd. métier, pour après l'étaler & exposer en vente: Et semblablement ausd. Vaniers faire & ouvrer en manufacture du métier desd. Boisseliers, ni acheter des Boisſeliers auſſi demeurans en notred. ville & fauxbourgs, marchandiſes & manufacture de leurdit. métier pour la revendre ; le tout ſur peine & confiſcation de ladite marchandiſe & d'amende arbitraire : Et néanmoins pour aucunes conſidérations à ce mouvant, Notred. Cour a permis & permet, tant auſdits Vanniers que Boiſſeliers, acheter des marchands forains qui trafiqueront en notredite ville, toutes ſortes de marchandiſes, ouvrages & manufactures deſd. deux métiers indifféremment, & icelles débiter & expoſer en vente : Ordonne que leſd. marchandiſes deſd. marchands forains, comme auſſi celles qui ſeront faites en notredite ville, par leſdits Vanniers & Boiſſeliers, reſpectivement appartenant à leurs métiers, ſeront vues & viſitées par un maître Vannier Juré, & par un maître Juré Boiſſelier enſemblement ; & lad. viſitation faite, que leſdits Jurez enſemble en feront rapport pour y être pourvu par notredit Prévôt ou ſond. Lieutenant, ſelon nos Ordonnances. Prononcé le 2 Juin 1576. Collationné avec paraphe.

ARREST
DE LA COUR DE PARLEMENT.

Portant que les marchandiſes des maîtres Vanniers, Boiſſeliers & Tourneurs, qui ſeront apportées par les forains ſeront viſitées par les Jurés deſdits métiers enſemblement, pour les bonnes être marquées d'une ſeule marque dont ils conviendront, & celles qui ſeront parfaites, loties entr'eux & par eux vendues en leurs boutiques; & les imparfaites ne ſeront priſées & loties que par ceux à qui elles appartiennent, & les mauvaiſes rendues.

Du 29 Novembre 1602.

Extrait des regiſtres du Parlement.

COmme de certaine Sentence donnée par notre Prévôt de Paris ou ſon Lieutenant, le 24 Mai 1602, au profit des Jurez Vanniers, Quincailliers & Boiſſeliers de notre ville de Paris, demandeurs à l'encontre des maîtres Jurez Tourneurs de notred. ville de Paris, défendeurs; par laquelle notredit Prévôt ou ſondit Lieutenant auroit dit que les marchandiſes du tour qui ſeroient apportées de déhors, faites & parfaites ſeroient viſitées, tant par les Jurez Vanniers-Quincailliers que Jurez Tourneurs; pour les marchandiſes qui ſe trouveroient bonnes & valables, être marquées & loties entre les maîtres Vanniers-Quincailliers & Boiſſeliers, & par eux vendues en leurs boutiques, ſans que pour ce, elles puiſſent être ſaiſies par les Jurez des métiers, & ſans que les marchandiſes imparfaites puiſſent être loties entr'autres métiers, que ceux auſquels il appartient, & les parfaire; & condamner leſdits défendeurs en dépens : Eût été de la part deſd. défendeurs appellé en notre Cour de Parlement, en laquelle leſd. parties ouies en leurs cauſes d'appel, & le procès par écrit conclu & reçu pour juger, ſi bien ou mal auroit été appellé; joints les griefs hors le procès, prétendus moyens de nullité, & production nouvelle deſd. appellans qu'ils pourroient bailler dedans le tems de l'Ordonnance, auſquels griefs & prétendus moyens de nullité, leſdits intimés pourroient répondre, & contre ladite production nouvelle bailler contredits aux dépens deſdits appellans, d'autre Sentence donnée par notredit Prévôt ou ſondit Lieutenant, le 7 Juin audit an; ſur laquelle leſdites parties écriroient par mêmes griefs & réponſes, & produiroient aux fins d'icelle dans huitaine;

joint audit procès icelui procès, griefs à iceux, forconclusions de produire de nouvel par lesdits appellans, & production d'iceux sur lesd. appellations verbales, forconclusions d'y produire par lesdits intimés; contredits desd. intimés contre ladite production nouvelle : Conclusions de notre Procureur-Général, vu & diligemment examiné. Notredite Cour, par son jugement & arrêt, faisant droit tant aud. procès par écrit que sur lesdites appellations verbales, a mis & met lesdites appellations & Sentence, desquelles a été appellé au néant, sans amende & dépens desdites causes d'appel, & en émendant & corrigeant lesd. Sentences, a ordonné & ordonne que les marchandises & ouvrages desdits métiers, qui seront apportés par les marchands forains qui trafiquent en notred. ville de Paris, seront vus & visités par les Jurez desd. métiers de Vanniers-Quincailliers & Tourneurs ensemblement, sans qu'ils puissent prétendre plus grands droits que ceux qui leur sont attribués par nos Ordonnances, pour être lesdites marchandises qui se trouveront bonnes & valables, marquées par lesdits Jurez, d'une seule marque, dont ils conviendront; & celles qui ſeront entieres & parfaites, loties entre les maîtres Vanniers-Quincailliers, Boiſſeliers & Tourneurs, & par eux vendues & débitées en leurs boutiques, ſans pour ce qu'elles puiſſent être ſaiſies par les Jurez d'aucuns deſd. métiers; & pour le regard deſdites marchandiſes imparfaites ne pourront être priſées & loties entr'aucuns métiers, que ceux auſquels en appartient la manufacture en notred. ville de Paris, afin d'éviter la confuſion deſdits métiers; & quant aux marchandiſes qui ne ſe trouveront bonnes & loyales, ſeront rendues aux marchands forains, & conduits hors notred. ville, par celui deſd. Jurez qui ſera par les autres député; A cette fin a fait & fait, notredite Cour, inhibitions & défenſes auſd. marchands forains, de rapporter & expoſer en vente leſdites marchandiſes; & auſd. maîtres deſd. métiers de les acheter & débiter à peine de confiſcation deſd. marchandiſes, & amende arbitrale; & ſeront tenus leſdits Jurez de faire rapport à la Police des contraventions auſdits Réglemens, pour y être pourvu, ainſi qu'il appartiendra. Et ainſi a condamné & condamne leſd. appellans ès dépens de la cauſe principale, tel que de raiſon ; la taxation d'intérêts par-devers Notredite Cour réſervée. Prononcé le 29 Novembre 1603. *Signé* par collation avec paraphe. *Et au bas*, Extrait des regiſtres du Parlement.

Collationné à l'original en parchemin. Ce fait rendu par les Notaires ſouſſignés, le 2 Janvier 1657. Roussel & Levasseur.

ARREST
DE LA COUR DE PARLEMENT.

Portant que les Jurez Vanniers & Tourneurs ne pourront faire viſites des marchandiſes foraines, ſans y appeller les Jurez Boiſſeliers, laquelle ils feront enſemble ; & feront leſdites marchandiſes marquées d'une ſeule marque, pour faire conjointement le rapport par-devant le Prévôt de Paris, ou le Procureur du Roy au Châtelet.

Du 22 Mai 1604.

Extrait des Regiſtres du Parlement.

ENtre les maîtres Jurez Boiſſeliers de cette ville de Paris, demandeurs en exécution d'Arrêt de ladite Cour, & interprétation d'icelui, du 29 jour de Décembre 1603, & aux fins d'une requête par eux préſentée à lad. Cour, le 2 de Janvier dernier, d'une part : Et les maîtres Jurez Vanniers-Quincailliers & Tourneurs de cette ville, défendeurs d'autre. Après que lesdits demandeurs ont requis qu'en exécutant & interprétant ledit Arrêt, auquel par obmission, lesdits demandeurs n'ont été nommés ni compris avec lesdits Jurez Vanniers-Quincailliers & Tourneurs, pour le fait de la visitation mentionnée avec tous lesdits métiers, qu'ils fussent reçus & incorporés ensemblement, sans qu'il fut permis à aucun desd. corps & métiers de vendre & acheter aucunes marchandises foraines, que premierement elles n'ayent été vues, visitées & loties, tant avec lesd. Jurez Vaniers-Quincailliers, qu'avec lesd. Jurez Tourneurs & Boisseliers, sur peine d'amende arbitraire & de tous dépens, dommages & intérêts aux contrevenans : Et que par lesd. Jurez Vanniers-Quincailliers & Tourneurs a été dit, qu'ils n'ont jamais empêché ledit lotissement & vente desd. marchandises foraines, dépendantes des trois métiers qui seront trouvées en leurs possessions ; & que pour le regard de ladite visitation persiste en leur Arrêt, & que suivant icelui, ne veulent & n'entendent que lesd. Boifſeliers, demandeurs, ſoient nommés ni compris, ni moins appellés à faire leſdites viſitations. Et après que Me Nicolas Richelet, Avocat deſd. Boiſſeliers & demandeurs; Et Douzat pour leſd. Jurez Tourneurs, & pour les Jurez Vanniers, avec les Procureurs deſdites parties, icelles parties préſentes, par l'avis de Mes Chauvelin & Dolley, Avocats premiers pour eux; ſont demeurés d'accord de l'appointement qui enſuit: Appointé eſt, oui ſur ce le Procureur-Général du Roi. Que la Cour ayant égard à ladite requête du 2 Janv. dernier, a ordonné & ordonne que leſd. Jurez Vanniers-Quincailliers & Tourneurs, ne pourront faire aucune viſitation ſur leſd. marchandiſes foraines, qui arriveront en cetted. ville de Paris, ſans y appeller & convoquer leſd. maîtres Jurez Boiſſeliers; laquelle viſitation ſera commune avec tous, & marquée d'une ſeule marque, & en faire enſemblement leur rapport par-devant le Prévôt de Paris ou ſon Lieutenant, ou le Subſtitut dud. Procureur-Général audit Châtelet, en la maniere accoutumée, pour y être pourvu ſuivant les Ordonnances; & leſd. marchandiſes loties entr'eux, ſelon & ainſi qu'il eſt contenu, & porté par ledit Arrêt du 29 Novemb. dernier : Et défenses faites ausd. parties de contrevenir, sur peine d'amende arbitraire, & autres, s'il y échet, & aux dépens. Fait en Parlement, le 22 jour de Mai l'an mil six cent quatre. *Signé* avec paraphe.

Du 18 *Mars* 1604.

Sentence de M. le Lieutenant Civil au Châtelet, rendue en faveur de la Communauté des maîtres Tourneurs, contre les Jurés & Communauté des maîtres Layetiers ; qui fait défenses auxd. Layetiers de s'immiscer en la manufacture & vente des palettes, à peine, &c.

SENTENCE DE REGLEMENT,

Rendue en faveur de la Communauté des maîtres Tourneurs, par laquelle il leur est permis d'acheter toutes sortes de marchandises de bois servant à leur profession, tant au-dedans qu'au-dehors de 20 lieues de Paris.

Du 17 Mai 1631.

A TOUS ceux qui ces présentes lettres verront, Louis Séguier, Chevalier, Baron de Saint Brisson, Seigneur des Ruaux & de Saint Firmain, Conseiller du Roi, Gentilhomme ordinaire de sa Chambre, & Garde de la Prévôté de Paris : SALUT. Sçavoir faisons

faisons, qu'aujourd'hui sur ce que Me Michel Guillois, Procureur des Jurés Tourneurs en bois à Paris, nous à rémontré qu'encore que par les Statuts & Ordonnances dudit métier il n'y ait aucun article qui prohibe & défende aux maîtres dudit métier de faire achat de bois servant à icelui au-dedans les 20 lieues, pour ce qu'aussi cela n'est-il raisonnable, attendu que la plus grande partie desd. marchandises de bois sont au-dedans desd. 20 lieues, néanmoins, depuis quelques années aucuns Jurés qui ont précédés lesdits demandeurs, ne considérant pas le tort qu'ils faisoient à leur Communauté, prétendant avoir obtenu quelques Sentences de nous, portant défenses aux maîtres de lad. Communauté, de faire achat de marchandises de bois au-dedans desd. 20 lieues, ce qui a fait naître plusieurs procès & différends, & empêché la liberté en laquelle ils avoient auparavant été de tous tems, pour ce que cela causoit leur totale ruine, & importoit grandement au public. Lesdits Jurés auroient été avoués par tous les maîtres de lad. Communauté par acte signé de leurs mains, du 8 du présent mois, de requérir contre Jean Languedoc &

François Delamothe, maîtres & anciens bacheliers dud. métier, qui auroit fait refus de ſigner led. acte, qu'ils fuſſent condamnés; & de fait par avis du Procureur du Roi du 4 du préſent mois, eſt ordonné en conſéquence dudit avis & pouvoir donné auxdits Jurés par leſd. maîtres, que doreſnavant il eſt permis à tous leſd. maîtres Tourneurs en bois à Paris, de faire achat de toutes ſortes de marchandiſes de bois ſervant à leur métier, tant audedans qu'au-dehors les 20 lieues de cette ville de Paris, & d'icelle faire amener à leurs riſques, périls & fortunes en cette ville; quoi faiſant, leſd. marchandiſes ne feront ſujettes à aucun lotiſſement entre les autres maîtres de ladite Communauté, & pour ce que leſd. Jurés & toute lad. Communauté ont intérêt que led. réglement ſoit par nous confirmé & autoriſé, ils nous ont requis leur pouvoir. A CES CAUSES, vu leſd. avis & pouvoir de lad. Communauté, & l'avis du Procureur du Roi, le tout deſſus daté; nous avons, en confirmant leſd. avis & autoriſant l'avis de lad. Communauté des maîtres Tourneurs en bois à Paris, permis & permettons à tous les maîtres de lad. Communauté, de faire achat de toutes ſortes de marchandiſes de bois ſervant à leur métier, tant au-dedans qu'au-dehors leſd. 20 lieues de cette ville de Paris, & d'icelle de faire amener à leurs riſques, périls & fortunes, en cettedite ville; quoi faiſant, leſd. marchandiſes ne ſeront ſujettes à aucuns lotiſſemens entre les autres maîtres de lad. Communauté. En témoin de ce, Nous avons fait mettre à ces préſentes, le ſcel de lad. Prévôté: ce fût fait & donné par Meſſire Michel Moreau, Conſeiller du Roi en ſon Conſeil d'Etat privé, & Lieutenant Civil de lad. Prévôté, le ſamedi 17 jour de mai 1631. *Et au-deſſous eſt écrit*: Collationné avec un paraphe: & à côté eſt écrit, GUILLOIS CONDON.

SENTENCE DE POLICE.

Rendue par Monſieur le Prévôt de Paris, pour François Lemoſnier, maître Tourneur à Paris, & les Jurés & autres maîtres dud. métier. Contre les Jurés Tapiſſiers de cette ville.

Du 25 Septembre 1638.

A TOUS ceux qui ces préſentes lettres verront, Louis Séguier, Chevalier, ſieur Baron de Saint Briſſon, Seigneur de Servaux & de Saint Firmain, Conſeiller du Roi notre Sire,

Gentilhomme ordinaire de sa Chambre, & Garde de la Prévôté & Vicomté de Paris : Salut, &c. NOUS, oui ledit Procureur du Roi en ses conclusions, & sans avoir égard à l'avis rendu par l'un de ses substituts le 5 mai 1635, contre ledit Lemosnier, & aux saisies sur lui faites des parasols dont est question, dont nous lui avons fait & faisons main-levée pure & simple; avons permis & permettons audit Lemosnier & autres Tourneurs de faire & exposer en vente des parasols garnis de toutes sortes de façons, & fait défenses ausdits Jurés Tapissiers de leur donner aucun trouble ou empêchement en ladite liberté, nonobstant chose par eux dite & proposée au contraire dont ils sont déboutés, & condamnés aux dépens à taxer en la maniere accoutumée, par notre Sentence & jugement définitif par droit. En témoin de quoi, Nous avons fait mettre à ces présentes le scel de ladite Prévôté; Ce fut fait & prononcé aud. Châtelet de Paris, en la présence de Me Claude Bretonneau, Procureur dud. Lemosnier & desd. Jurés intervenans avec lui, & en l'absence de Me Hubert de saint-Amour, Procureur desdits Jurés Tapissiers, le samedi 25 jour de septemb. 1638. Collationné, Drouart.

Du 16 *Janvier* 1641.

Sentence de Police, en faveur de la Communauté des maîtres Tourneurs, contre celle des maîtres Natiers; qui leur fait défenses d'employer aucun bois tourné & non tourné, ni autrement entreprendre sur la profession de la Communauté des maîtres Tourneurs, à laquelle seule il est permis de couvrir les chaises qu'ils feront de paille cordonnée, & lorsque lesdits maîtres

Tourneurs les voudront couvrir de nates & treſſes, ils ſeront tenus de les faire faire par leſdits Natiers; le tout à peine de confiſcation & d'amende.

Ladite Sentence confirmée par arrêt du Parlement, du 6 juillet 1741, qui a mis la Communauté deſdits Natiers hors de Cour.

Du 11 *Juillet* 1656.

Sentence de Police, en faveur de la Communauté des maîtres Tourneurs, contre la Communauté des Fruitiers-Orangers; qui leur fait défenſes de plus à l'avenir vendre aucune boule de buis, ni autres marchandiſes de la profeſſion de Tourneur, à peine d'amende & de confiſcation deſdites marchandiſes.

Du 30 *Juin* 1665.

Arrêt du grand Conſeil, entre les Jurés & Communauté des maîtres Tourneurs, & celle des Menuiſiers; qui fait main-levée d'une ſaiſie faite ſur le ſieur Mareſchal, maître Tourneur; & qui ordonne l'exécution des Statuts deſdites deux Communautés, chacune à leur égard.

Du 5 *Janvier* 1672.

Sentence de Police, rendue en faveur de la Communauté des maîtres Tourneurs, qui condamne pluſieurs maîtres de ladite Communauté, a payer chacun 50 ſols, pour le droit de confrairie, à cauſe de leur réception à la maîtriſe, & les condamne aux dépens.

Du 4 Janvier 1675.

Sentence de Police, rendue au profit de la Communauté des maîtres Tourneurs ; qui les décharge de la demande contre eux formée par le nommé Remy, afin d'être reçu maître en qualité d'apprentif de ville, attendu que led. Remy n'étoit pas apprentif de Paris, & le condamne aux dépens.

SENTENCE DE POLICE.

Qui régle ce qui sera payé par les aspirans à la maîtrise, aux Jurés, pour leurs droits d'assistance à leurs réceptions, ainsi que pour les droits de visite, &c.

Du 7 Novembre 1673.

A TOUS ceux qui ces présentes Lettres verront, Achille de Harlay, Chevalier, Conseiller du Roi en ses Conseils, son Procureur Général, & Garde de la Ville, Prévôté & Vicomté de Paris, le siége vacant : SALUT. Sçavoir faisons, que vu la requête à Nous présentée par Noel Tirponne, Nicolas le Moyne, Michel Baudry & Antoine Tavission, maîtres Tourneurs en bois à Paris, & Jurés de leur Communauté, contenant que pour la réception des maîtres de ladite communauté, il étoit & est d'usage, qu'il n'y assiste que les anciens maîtres bacheliers, tant de chef-d'œuvre que de lettres, suivant une sentence rendue au Châtelet, le 10 décembre 1651, auxquelles réceptions lesd. anciens maîtres bacheliers sont obligés de se transporter par trois différentes fois en la chambre de la communauté, la premiere pour donner chef-d'œuvre aux aſpirans, la ſeconde pour les voir travailler, & la troiſieme pour les admettre à leurs réceptions ou les refuſer ; par le moyen de quoi leſd. maîtres bacheliers étoient & ſont détournés de leur travail, ſans que pour ce il y ait eu juſqu'à préſent aucun droit reglé, ce qui donnoit lieu le plus ſouvent, de prendre par leſdits bacheliers, le plus qu'ils pouvoient pour ſe récompenſer de la perte de leur travail, ce qui étoit de même à l'égard des droits des Jurés pour leſd. réceptions, & encore pour leurs droits de viſite, qu'ils doivent prendre ſur chacun des maîtres de lad. communauté, & comme cela faiſoit confuſion & qu'il étoit important de régler leſd. droits, ainſi qu'il eſt pratiqué dans toutes les autres communautés; iceux Jurés nous ont, pour ce, donné leurdite requête, au bas de laquelle eſt notre Ordonnance du 3 octobre dernier, portant qu'elle ſeroit communiquée au Procureur du Roi, & enſuite leſdites concluſions dudit Procureur du Roi & ſon réquiſitoire, que la communauté fût aſſemblée par-devant Nous en notre Hôtel, en ſa préſence, pour donner avis ſur les fins de lad. requête, ce qui a été par Nous ainſi ordonné ; l'exploit d'aſſignation donné à tous les maîtres de lad. communauté, à la requête deſd. Jurés, le 25 dudit mois d'octobre, contrôlé à Paris le 26 dudit mois; aux fins de notre Ordonnance, le procès-verbal de l'aſſemblée faite de ladite communauté, en notre hôtel, en préſence du Procureur du Roi, led. jour 26 octobre dernier, contenant leurs avis ; qu'il ſoit taxé pour les droits de chacun deſdits Jurés, 5 liv. pour les droits des anciens qui ſont au nombre de trente-huit, chacun 3 l. & pour les droits des modernes, qui ſont au nombre de huit, qui ſont avec tous lesd. anciens bacheliers, appellés auxd. réceptions des aspirans à la maitrise, chacun 40 sols, le tout pour le droit d'assistance auxd. réceptions; comme aussi qu'il soit taxé pour droit de visite, que lesdits Jurés font au nombre de six par an, sur chacun desd. maitres de ladite communauté, 5 sols de chacun, & sur chacun desdits maitres; au bas duquel procès-verbal de notre Ordonnance, portant avant faire droit, qu'il en sera délibéré. Tout vu & considéré, Nous, oui sur ce, le Procureur du Roi, & de son consentement, ordonnons que doresnavant il sera payé par les aspirans à la maitrise, aux Jurés, pour leurs droits d'assistance à leurs réceptions, chacun la somme de 4 liv. à douze des anciens bacheliers, qui sont présentement au nombre de trente-huit, chacun 3 liv. & à quatre des huit modernes, qui sont ordinairement appellés avec lesd. anciens auxd. réceptions, aussi chacun 30 sols; lesquels douze anciens & quatre modernes recevront alternativement lesd. droits avoc les autres anciens maitres, & quatre autres modernes qui ont droit d'assister auxdites réceptions; & en cas qu'il s'y trouve plus grand nombre desd. anciens & modernes, ne leur sera payé aucune chose pour leur assistance; & en outre, ordonnons qu'il sera payé auxd. Jurés pour chacune des six visites qu'ils font pendant l'année sur les maitres de ladite communauté, 5 sols par chacun desd. maitres, à l'exception des anciens qui payeront à leur volonté, avec défenses à eux & auxd. anciens bacheliers & modernes, de prendre & exiger plus grands droits que ceux ci-dessus, que nous leur avons taxés, à peine de concussion & de 20 liv. d'amende contre chacun des contrevenans. En témoin de quoi, Nous avons fait sceller ces préſentes ; ce fut fait & donné au Châtelet de Paris, par Meſſire Gabriel-Nicolas de la Reynie, Conſeiller du Roi en ſes Conſeils d'Etat & Privé, Maître des Requêtes ordinaire de ſon Hôtel, & Lieutenant de Police de la Ville Prévôté & Vicomté de Paris, le mardi 7 de novembre 1673. *Signé* par collation, avec paraphe.

LETTRES-PATENTES,

Portant réunion des Offices de Jurés Tourneurs à Paris, à leur Communauté.

Du 26 Mars 1692.

LOUIS, par la grace de Dieu, Roi de France & de Navarre : A tous ceux qui ces préſentes lettres verront : SALUT, &c. A CES CAUSES, de l'avis de notre Conſeil qui a vu led. acte, contenant les deux délibérations de lad. Communauté, des 2 avril & 19 juillet 1691 ; & de notre certaine ſcience, pleine puiſſance & autorité royale : Nous avons par ces préſentes ſignées de notre main, uni & incorporé, uniſſons & incorporons au Corps & Communauté des maîtres Tourneurs de notre bonne ville & fauxbourgs de Paris, les offices de Jurés de leur Communauté, créés par notre Edit du mois de mars 1691. Voulons que leſd. offices ſoient exercés en vertu des proviſions que nous en ferons expédier à ceux qui ſeront nommés par ladite Communauté, pour tel tems qui ſera par elle aviſée; après l'expiration duquel pourront leſdits Jurés, Corps & Communauté, nommer & nous préſenter de nouveaux officiers, afin d'obtenir de nous la confirmation de leur nomination, & continuer à l'avenir à toutes les mutations d'officiers que voudra faire ladite Communauté; le tout en payant ſuivant leurs offres, au tréſorier de nos revenus caſuels, la ſomme de 4000 liv. pour le payement de laquelle nous permettons aux Jurés de préſent en charge, d'employer les deniers provenans de la vente de leur argenterie, & des réceptions des maîtres, & d'emprunter le ſurplus à conſtitution de rente ou par obligation d'une ou pluſieurs perſonnes, & d'y obliger tous les maîtres de lad. Communauté, tant en ladite qualité de maître qu'en leurs propres & privés noms ſolidairement, & de faire déclaration des noms de ceux qui auront prêté leurs deniers, dans la quittance de finance qui leur ſera délivée par le tréſorier de nos revenus caſuels. Voulons que pour ſatisfaire au payement des arrérages &

du principal des ſommes qui ſeront empruntées, il ſoit payé à l'avenir pour chaque brevet d'apprentiſſage ou tranſport d'icelui, 3 liv. pour la réception d'un maître par chef-d'œuvre, 300 liv. outre les drois des Jurés, ceux de l'hôpital-général & de la juſtice; par chaque Juré qui ſera nouvellement élu, 50 liv. duquel droit ſeront exempts ceux qui ayant une fois exercé la jurande, ſeront élus Jurés une ſeconde fois; que ceux qui auront prêté leurs deniers à la Communauté à l'effet des préſentes, ſoient préférés aux autres en l'élection de la jurande; qu'il ſoit fait à l'avenir comme par le paſſé ſix viſites par chacun an, pour chacune deſquelles chaque maître & veuve de maître tenant boutique payera 10 ſols, dont la moitié appartiendra aux Jurés, & l'autre moitié ſera employée au payement des rentes; deſquels droits de viſite les anciens Jurés demeureront exempts, comme par le paſſé: leur permettons, pour parvenir à une prompte libération de la Communauté, de recevoir ſix maîtres ſans qualité, chacun deſquels payera, en faveur de ladite réception, la ſomme de 400 liv. Voulons que tous les deniers provenant desd. droits, soient reçus par les deux anciens Jurés, qui en demeureront chargés comme des deniers royaux, & seront tenus les employer tous les mois au payement des arrérages desdites rentes, dont il rendra compte à la fin de chaque année en la maniere accoutumée; & ce qui restera entre leurs mains à la fin de chaque année, (après lesd. arrérages payés) sera employé au remboursement de quelque portion du principal, à commencer par les veuves & héritiers des maîtres qui auront prêté leurs deniers à la Communauté, sans que lesdits deniers puissent, sous quelque prétexte que ce soit, être divertis ou employés à autre dépense, ni même saisis par aucuns autres créanciers de lad. Communauté, jusques à ce que lesd. rentes soient acquittées, tant en principaux qu'arrérages; après quoi lesdits droits de réceptions & visites demeureront réduits aux droits anciens & accoutumés; les nouveaux droits supprimés, & les anciens Jurés rentreront dans tous les droits si aucuns leur sont légitimement dûs. SI DONNONS EN MANDEMENT à nos amés & féaux Conseillers, les gens tenant

notre

notre Cour de Parlement à Paris, que ces présentes ils ayent à faire lire, publier & registrer, & du contenu en icelles faire jouïr & user les Jurés, Corps & Communauté des maîtres Tourneurs de notre bonne ville & fauxbourgs de Paris, selon leur forme & teneur: CAR tel est notre plaisir. En témoin de quoi, Nous avons fait mettre notre scel à cesd. présentes. DONNÉ à Versailles, le 26 mars 1692, & de notre régne le quarante-neuviéme. *Signé*, LOUIS. *Et plus bas*, par le Roi. PHELYPEAUX. Et scellé.

ARRÊT DU CONSEIL,

Qui ordonne que les Offices d'Auditeurs des Comptes demeureront réunis & incorporés à la Communauté des maîtres Tourneurs, & qu'elle jouira de 4 liv. de gages attribués auxdits Offices, & du droit Royal.

Du 26 Février 1697.

Extrait des registres du Conseil d'Etat.

SUR la requête présentée au Roi en son Conseil, par les Jurés, Corps & Communauté des maîtres Tourneurs à Paris, contenant par Arrêt du Conseil du 14 juin 1695, Sa Majesté ayant ordonné que les offices d'auditeursexaminateurs des comptes des corps des marchands & communauté d'arts & métiers créés par Edit du mois de mars 1694. feroient & demeureroient pour toujours réunis & incorporés aufdits Corps & Communautés, aufquels appartiendroit le droit royal attribué aufd. offices depuis led. Edit, & à toujours pour être payé par chacun afpirant à la maîtrife, fuivant la fixation portée par Edit du mois de mars 1691, &c. A CES CAUSES, requeroient les Supplians qu'il plût à Sa Majefté fur ce leur pouvoir. Vu ladite requête & la délibération du onzieme janv. dernier: Oui le rapport du fieur Phelyppeaux de Pontchartrain, Confeiller ordinaire au Confeil Royal, Contrôleur Général des Finances. Le Roi en fon Confeil, a ordonné & ordonne, qu'en payant par la Communauté des maîtres Tourneurs de Paris la fomme de 2500 liv. pour la finance des offices d'auditeurs des comptes, créés par Edit du mois de mars 1694, & celle de 250 l. pour les 2 fols pour livres de lad. finance, lefd. offices feront & demeureront réunis & incorporés pour toujours à lad. Communauté des maîtres Tourneurs, fans être par eux obligés de prendre des lettres de provision, dont Sa Majesté les a relevés & dispensés; ce faisant, ladite Communauté jouira, suivant l'Arrêt du Conseil du 4 sept. 1696, des 40 liv. de gages attribués ausd. offices & du droit royal, à compter depuis l'Edit du mois de mars 1694, tel qu'il a été établi par celui du mois de mars 1691, ordonne que ceux qui auront prêté leurs deniers pour employer au payement de lad. finance & des 2 sols pour livres d'icelle, auront leur hypothéque & privilége special sur lesd. offices, gages & droit royal y attribués & pour assurer d'avantage le payement de leurs intérêts, même parvenir au remboursement des principaux, ordonne Sa Majesté, conformément à la délibération de cette Communauté du 11 janvier dernier, que le droit de dix sols qui se leve par les Jurés sur chaque maîtres par chacune des six visites, sera augmenté jusqu'à 15 sols pour chaque visite. dont 5 sols appartiendront aux Jurés pour leurs frais, & les 10 sols restant seront employés au payement des dettes, le tout sans préjudice des 2 sols qui se payent par chaque visite pour acquitter la dette des heritiers Maucuit, qui seront payés à l'avenir comme par le passé, jusqu'à l'extinction de lad. dette, & sera encore payé 20 sols par an par chaque maîtres immédiatement après la S. Michel, tant pour droits de confrerie, que pour employer aux affaires de la Communauté; tous lesquels droits seront payés par les anciens, comme par les autres maîtres, à la réserve des 5 sols qui appartiennent aux Jurés, dont ils seront exemts à l'avenir comme ils l'ont été par le passé, & moyennant le payement desd. droits les anciens maîtres demeureront rétablis aux droits à eux attribués pour les receptions des maîtres, par la Sentence de Police du 7 novembre 1673, & seront tous lesd. droits reçus par les Jurés, lesquels aussitôt qu'ils seront sortis de charge, & au plutard 15 jours après, rendront compte de ce qu'ils auront reçu & payé en la maniere accoutumée en présence des anciens, pardevant le Procureur du Roi au Châtelet; permet Sa Majesté aux anciens de recevoir le nombre de maîtres sans qualité porté par sa Déclaration du 26 mars 1692, pour une moindre somme que celle de 400 liv., ordonné par lad. Déclaration, à la charge néanmoins qu'ils ne la pourront moderer que par une délibération à laquelle tous les anciens auront été appellés ; permet pareillement aux Jurés nouvellement élus ; & à ceux qui le seront à l'avenir, d'exercer leurs charges en vertu des commissions qui leur seront délivrées par le Procureur de Sa Majesté au Châtelet, comme par le passé, sans être obligés de prendre des lettres de confirmation, dont Sa Majesté les a déchargés, & dispensés, dérogeant pour cet égard à l'Edit du mois de mars 1691, & à la Déclaration du 26 mars 1692, laquelle au surplus, ensemble les Statuts du Mêtier, Arrêts & Réglemens sur ce intervenus, seront executés selon leur forme & teneur, & pour l'éxécution du présent Arrêt toutes lettres nécessaires seront expédiées. Fait au Conseil d'Etat du Roi, tenu à Versailles le 26 fév. 1697. Collationné, *Signé*, GOUJON.

Du 23 Août 1697.

Sentence rendue en faveur de la Commun. des maitres Tourneurs, qui ordonne l'exécution des Statuts, Arrêts & Réglemens ; ordonne que les bois achetés par Nicolas le Moine, maitre Tourneur, d'un marchand forain, au-devant duquel il avoit été, seront vendus en la maniere accoutumée ; & pour la contravention par lui faite aux Réglemens & avoir fait régrat, l'a condamné en 10 liv. d'amende, 6 liv. de dommages-intérêts, & aux dépens.

Du 8 *Janvier* 1700.

Arrêt du Parlement, rendu en faveur des Communautés des maitres Tourneurs, Boisseliers & Vanniers; Contre le sieur Louis Lorry, maitre Layetier à Paris; ordonne que les marchandises sur lui saisies seront loties entre lesd. trois Communautés, & qu'il leur payera pour les droits de visite & marque, sçavoir, pour chacune douzaine desd. écuelles à argent, 2 s. Pour chacune douzaine desd. cuilleres à pot, 2 s. Pour chacune douzaine d'assiettes, 1 sol. Pour chacune douzaine de mortiers, 2 sols. Pour chacune douzaine de barils à poudre, 2 s. 6 d. Pour chacune douzaine de boëte à farine, 2 sols, & pour le cent des mesures à lait, 5 sols; & en cas qu'il se donne quelques unes des marchandises défectueuses, ordonne qu'elles seront renvoyées hors la ville & fauxbourgs de Paris, conformément aux Ordonnances.

Du 25 *Mai* 1703.

Sentence de Police, rendue en faveur de la Communauté des maitres Tourneurs; portant réglement sur les conclusions de Messieurs les Gens du Roi, au sujet des marchands forains; fait défenses aux maitres Tourneurs d'acheter aucuns bois qu'ils n'ayent tenu port pendant trois jours, à compter du jour que les Jurés auront été avertis pour en faire la visite; lesquels bois seront ensuite visités & lottis entre les maitres de la Communauté; ordonne que les marchands forains seront tenus de faire avertir les Jurés aussitôt l'arrivée de leur bois.

Du 11 *Décembre* 1703.

Sentence de Police contradictoire, qui, sur la demande faite par le sieur Benard, maitre Tourneur, à ce qu'il ne puisse être admis ni reçu à l'avenir, aucun Juré de ladite Communauté, s'il n'a exercé pendant dix ans la profession en qualité de maitre, & qu'il ne pourroit être continué Juré après son tems d'exercice fini; a été déclaré non-recevable en sa demande avec dépens.

Du 9 *Avril* 1704.

Arrêt de la Cour de Parlement, rendu entre les Jurés & Communauté des maitres Tourneurs, contre ledit sieur Benard; qui confirme la Sentence de Police du 11 décembre 1703; & ordonne qu'elle sortira son plein & entier effet; condamne ledit Benard en l'amende & aux dépens des causes d'appel & demandes.

Du 11 *Juillet* 1704.

Sentence de Police, rendue en faveur de la Communauté des maitres Tourneurs; contre le sieur Avisse, aussi maitre Tourneur; qui lui fait défenses & à tous autres, de plus à l'avenir étaler, vendre & débiter des marchandises de ladite profession, aux assemblées de cette ville de Paris, qui ne sont pas foires franches, sous telles peines qu'il appartiendra, avec dépens.

SENTENCE DE POLICE.

Qui, conformément à l'avis de M. le Procureur du Roy, déclare une ſaiſie faite par la Communauté des maiſtres Tourneurs à Paris, valable; ordonne que les choſes ſaiſies ſeront vendues & loties entre les maiſtres de ladite Communauté, & les deniers en provenans rendus à Nicolas Dubois, Tourneur à la Ferté-Sous-Jouarre, partie ſaiſie; lui fait défenſes de plus contrevenir aux Reglemens de lad. Commun.

Du 11 Août 1711.

A TOUS ceux qui ſes préſentes lettres verront, Charles-Denis de Bullion; Marquis de Gaillardon, Conſeiller du Roy en ſes Conſeils, Prevoſt de Paris; SALUT, &c. Nous avons l'avis du Procureur du Roy confirmé & en conſéquence la ſaiſie déclarée valable, les choſes ſaiſies venduës & loties entres les maiſtres de la Communauté, & les deniers en provenant rendus à la partie de Douceur, à la quelle Nous avons fait défenſes de plus contrevenir aux Réglemens de la Communauté, à l'égard des parties des Gaigne, les avons mis hors de Cour; la partie de Douceur condamnée aux dépens envers toutes les parties; ce qui ſera exécuté ſans préjudice de l'appel, en témoins de quoi Nous avons fait ſceller ſes préſentes. Ce fut fait & donné par Meſſire Marc-René de Voyer d'Argenſon, Conſeiller du Roy en ſes Conſeils, & Lieutenant General de Police, tenant le Siége le mardy 11 aouſt 1711. Signé par Coll. TARDIVEAU. Et ſcellé le 18 aouſt 1711. *Signé*, DE CHAMBAULT.

SENTENCE DE POLICE.

Portant Réglement entre la Communauté des maîtres Tourneurs & celle des Peintres-Sculpteurs.

Du 29 Novembre 1712.

A TOUS ceux qui ſes préſentes lettres verront, Charles-Denis de Bullion, Chevalier, Marquis de Gaillardon, Seigneur de Bonnelle, & autres lieux, Conſeiller du Roy en tous ſes Conſeils, Garde de la Ville, Prévoſtê & Vicomté de Paris, SALUT; Sçavoir faiſons, que ſur la requeſte faite en jugement devant Nous en la Chambre de Police du Chaſtelet de Paris, par Me Roch Hubert l'aîné Procureur des Jurez de la Communauté des maiſtres Peintres Sculpteurs à Paris, & de Louis Deſrais maiſtre Peintre Sculpteur, défendeurs à la requeſte verbale ſignifiée le 5 du préſent mois, & demandeur incidemment ſuivant leurs défenſes du 7 dud. mois, tendante à ce que noſtre Sentence du 2 aouſt 1712, renduë ſur ſes concluſions de M. Dupré Avocat du Roy, ſur la ſaiſie faite à la requeſte deſdits Jurez Peintres & Sculpteurs ſur Eſtienne Flambert de pluſieurs teſtes à perruques ſculptées, dont une eſt peinte en couleur de chair & vernie, & ſur celle faite ſur led. Deſrais, à la requeſte des Jurez Tourneurs cy-après nommés de pluſieurs chandeliers de bois peints, & autres ouvrages, ſoit reformée & renduë conforme à ſa prononciation tel qu'il eſt expliqué par leſdites défenſes, aſſiſtez de Me Pontoüin leur Avocat, contre Me Dufour, Procureur deſdits Jurez de la Communauté des maiſtres Tourneurs à Paris, & d'Eſtienne Flambert maiſtre Tourneur, demandeurs & défendeurs, aſſiſtez de Me Foreſtier leur Avocat; parties ouies. Nous ordonnons que noſtre Sentence du 2 aouſt ſera reformée & renduë conforme à ſa prononciation, en conſéquence avons la ſaiſie faite à la requeſte des parties de Pontoüin ſur led. Flambert des teſtes à perruques ſculptées &

peintes déclarée bonne & valable, & néanmoins seront pour cette fois renduës audit Flambert, faisons défenses audit Flambert & à tous autres maistres Tourneurs de vendre aucunes testes sculptées ny peintes, & aux Peintres Sculpteurs de vendre aucuns ouvrages tournez, s'ils ne sont par eux peints & achetez respectivement desd. Peintres, & Tourneurs, & marquez de leurs marques; Et en tant que touche la saisie faite par les Tourneurs sur ledit Desrais, l'avons pareillement déclarée valable à l'égard des ouvrages tournez & non peints ni marquez de la marque d'un Tourneur, même des ouvrages tournez & peints qui ne sont pas marquez de la marque des Tourneurs, ordonnons néanmoins qu'ils seront rendus pour cette fois aud. Desrais, & à la représentation & restitution des choses saisies seront les gardiens & dépositaires contrains, quoy faisant déchargez, dépens compensez entre les parties, ce qui sera exécuté sans préjudice de l'appel: En témoin de ce Nous avons fait sceller ces présentes, qui furent faites & données par Messire Marc-René de Voyer de Paulmy d'Argenson, Conseiller d'Estat, & Lieutenant-General de Police, tenant le siége au Chastelet le mardy 29 novembre 1712, Collationné, *Signé*, TARDIVEAU.

Du 6 Septembre 1714.

Sentence du Bureau de la Ville, rendue en faveur de la Communauté des maitres Tourneurs; qui déclare nul un marché fait par le sieur Dumoutier, marchand à Paris, contenant vente de marchandises de perches au sieur Rousseau, plâtrier; ordonne que lesd. perches resteront à la Communauté des Tourneurs, pour être loties entr'eux, en en payant le prix audit sieur Dumoutier; ordonne en outre l'exécution des Réglemens concernant l'arrivage, vente & débits des bois d'ouvrage sur les ports, avec dépens.

Du 30 *Juin* 1716.

Avis de M. le Procureur du Roi, en faveur de la Communauté des maitres Tourneurs; contre Pierre Sandrois, reçu maitre de lad. Communauté; qui le condamne à payer 90 liv. dans un mois pour tout délai, pour restant de sa maitrise, sinon déchu de ladite maitrise, tenu de fermer boutique, avec défenses de travailler de ladite profession, & le condamne aux dépens.

Du 30 *Octobre* 1716.

Avis de M. le Procureur du Roi, rendu en faveur des Jurés en charge des Communautés des maitres Tourneurs, Boisseliers & Vanniers, & Charles Pijon, marchand forain de Boisselerie; qui déclare bonne & valab. la saisie de boisselerie faite sur ledit Pijon, dans une auberge, avec défenses de récidiver, & le condamne aux dépens

SENTENCE

SENTENCE

Rendue sur l'avis de M. le Procureur du Roy; qui fait défenses à tous maîtres de vendre du bois à des ouvriers des lieux prétendus privilégiés.

Du 16 Avril 1717.

A TOUS ceux qui ces présentes lettres verront, Charles-Denis de Bullion Chevalier, Marquis de Gaillardon, Prévôt de Paris: SALUT. Sçavoir faisons; que sur la requête faite en jugement devant Nous en la Chambre de Police du Châtelet de Paris, par Me Charles Dufour, Procureur des Jurés en charge de la Communauté des maîtres Tourneurs à Paris, demandeurs en confirmation de l'avis du Procureur du Roi, du 12 mars dernier, qui ordonne que les Statuts, Réglemens de ladite Communauté seront exécutés, & fait défenses au défendeur & à tous autres maîtres de faire le regrat & vendre des bois aux ouvriers des lieux privilégiés & le condamnons pour cette fois aux dépens, pour tous dépens, dommages & intérêts, suivant la requête verbale signifiée par Poiseau, Huissier-audiencier en cette Cour, le 12 du présent mois, contre Me Royer, Procureur de Me Moreu maître & ancien de ladite Communauté défend. parties ouies ; Nous avons confirmé l'avis du Procureur du Roi susdaté, & en conséquence ordonnons que les Statuts & Réglemens de lad. Comm. seront exécutés ; faisons défenses à la partie de Royer & à tous autres maîtres de faire le regrat & vendre des bois aux ouvriers des lieux privilégiés, à peine d'amende & condamné aux dépens, ce qui sera exécuté sans préjudice de l'appel, en témoin de quoi nous avons fait sceller ces présentes, ce fut fait & donné par Messire Marc-René de Voyer de Paulmy d'Argenson, Chevalier, Conseiller d'État ordinaire, Lieutenant-Général de Police, tenant le siége le vendredi seize avril, 1717.

CUYRET.

SENTENCE DE POLICE,

En faveur des Jurés de la Communauté des maîtres Tourneurs ; Contre les sieurs Jérôme, Carpentier & Sulpice, maîtres de ladite Communauté ; leur enjoint de porter honneur & respect aux Jurés ; les condamne en 20 liv. de dommages-intérêts, 10 l. d'amende & aux dép.

Du 12 Mars 1723.

A TOUS ceux, &c. Que sur la requête faite en jugement devant

Nous à l'Audience de la Chambre de Police du Châtelet de Paris par Me Charles Dufour, Procureur de la Communauté des maîtres Tourneurs de Paris demandeurs aux fins de l'exploit fait par Simonnet Huissier à Verge le 7 juil. dernier dûment contrôlé, a fin qu'il soit fait défenses aux défendeurs de plus à l'avenir injurier, scandaliser, méfaire, ni médire aux demandeurs, suivant qu'il est énoncé en la plainte par eux rendue au Commissaire de la Jarie, le 30 juin aussi dernier, & pour l'avoir fait condamnés en leurs dommages-intérêts & en l'amende, assistés de Me Frouart leur Avocat, contre Me Leger Procureur de Jean-Jerôme, & de François Carpentier, maîtres Tourneurs; Me le Vasseur Procureur de Jean Sulpice fils aussi maître Tourneur défendeurs, ouï ledit Me Dufour audit nom en son plaidoyé & par vertu du défaut de nous donné contre lesd. Leger & le Vasseur aussi esdits noms non-comparans, ni autres pour eux dûment appellés, lecture faite des piéces & de l'avenir à cejourd'hui. Nous enjoignons aux parties défaillantes de porter honneur & respect aux parties de Frouart; faisons défenses aux défendeurs, de plus à l'avenir injurier, méfaire ni médire aux demand. & pour l'avoir fait, condamnons les défend. en 20 l. de dommages-intérêts envers eux, 10 liv. d'amende envers le Roi & aux dépens; ce qui sera exécuté nonobstant & sans préjudice de l'appel & soit signifié, en témoin de ce nous avons fait sceller ces présentes qui furent données par Messire Marc-Pierre de Voyer de Paulmy, Chevalier Comte d'Argenson, Conseiller du Roi en ses Conseils Lieutenant-Général de Police, tenant le siége le vendredi 12 mars 1723. Collationné, signée & scellée.

Du 5 Juin 1722.

Avis de M. le Procureur du Roi, entre la communauté des maitres Tourneurs, & le sieur Nicolas Levoyer, maître de lad. communauté; qui condamne ledit Levoyer contradictoirement à payer auxdits sieurs Jurés 12 liv. pour quatre années de droit de visite, de six par année, à raison de 10 sols chacune, d'une part; & celle de 4 l. pour quatre années de confrairie, à raison de 20 sols par année, & le condamne aux dépens.

Du 10 Juillet 1722.

Sentence de police, entre lesd. sieurs Jurés & ledit sieur Levoyer, confirmative de l'avis de M. le procureur du Roi.

A tous ceux qui ces présentes verront, &c. Nous avons, l'avis du procureur du Roi susdaté, confirmé avec dépens.

Du 21 Août 1722.

Autre Sentence de police. A tous ceux qui ces présentes lettres, &c. Nous avons, ledit Levoyer débouté de son opposition de notre Sentence du 10 Juillet dernier. En conséquence disons, qu'elle sera exécutée selon sa forme & teneur, & condamnons ledit Levoyer aux dépens.

Du 8 Février 1724.

Sentence de police, rendue en faveur de la communauté des maitres Tourneurs, les sieurs André Desportes, Jean Menager, & autres maitres de lad. communauté; qui déclare la saisie sur eux faite de marchandise de perches, bonne & valable; ordonne qu'elles seront loties & vendues entre les maitres Tourneurs; les condamne en 15 liv. de dommages-intérêts au profit des Jurés, 3 liv. d'amende envers le Roi & aux dépens; lesd. sieurs Desportes & Menager privés du lotissement.

Du 27 Novembre 1725.

Sentence de police, rendue en faveur de la communauté des maitres Tourneurs; contre le sieur Graval, marchand forain de talons & de galoches; qui déclare la saisie des marchandises de talons & de galoches, bonne & valable; lui enjoint & à tous autres marchands de porter toutes les marchandises dépendantes de la profession de Tourneur, en leur bureau, pour y être vues, visitées, loties & vendues entre tous les maitres d'icelle, & le condamne aux dépens.

Du 30 *Juin* 1730.

Avis de M. le procureur du Roi, rendu en faveur de la communauté des maitres Tourneurs; contre Jean le Creux, Pierre le Clerc & Claude Hullot, maitres Tourneurs; qui les condamne chacun en 4 liv. d'amende au profit de la Confrairie, faute par eux de s'ètre trouvés en l'assemblée de la communauté, convoquée de l'ordonnance de M. le procureur du Roi, & les condamne aux dépens.

Du 11 *Août* 1730.

Sentence de police, contradictoire, en faveur de ladite communauté; contre lesdits sieurs le Creux, le Clerc & Hullot; qui confirme l'avis de M. le procureur du Roi ci-dessus, ordonne qu'il sera exécuté selon sa forme & teneur, & les condamne aux dépens.

Du 30 *Juin* 1730.

Avis de M. le procureur du Roi, rendu en faveur de la communauté des maitres Tourneurs; contre les sieurs Boucher & Jean Desormeaux, maitres Tourneurs; qui les condamne sçavoir, ledit Boucher à payer 6 liv. 10 sols, pour treize visites royales, & 10 liv. pour droits de confrairie; & ledit Desormeaux 7 l. pour quatorze pareilles visites, & 10 liv. pour droits de confrairie, avec dépens.

SENTENCE,

Qui fait défenses aux maîtres Boisseliers de faire arriver aucunes marchandises chez eux sans être visitées, &c.

Du 20 Avril 1731.

A TOUS ceux qui ces présentes lettres verront; Gabriel-Jérôme de Bullion, Chevalier Comte d'Esclimont, Mestre de Camp du Régiment de Provence, Infanterie, Conseiller du Roi en ses Conseils, Prévôt de la Ville, Prévôté & Vicomté de Paris. SALUT, Sçvoir faisons: que sur la requête faite en jugement devant Nous à l'Audience de la Chambre de Police du Châtelet de Paris, par Me Louis Willaume, Procureur de Vincent Ferrand, Antoine Dijon, Jacques Gosse & Jean Lassé, tous quatre maîtres Vanniers, Quincailliers à Paris, & Jurez de présent en charge de ladite Communauté, & encore Procureur des sieurs Louis Pevrier, Pierre Sauvalle, Jean-Baptiste Triannon, Nicolas Haudcloche, maîtres Tourneurs à Paris & aussi Jurez de présent en Charge de leur Communauté, demandeurs aux fins de l'exploit fait par Poulain

Huiſſier à verge en cette Cour ce 22 décembre dernier préſenté & contrôlé, tendante aux fins y contenues, & encore demandeurs aux fins de l'exploit fait par la Grelette, Huiſſier à verge en cette Cour, le 29 décembre dernier dûement préſenté contrôle au Greffe le 18 janvier dernier; tendante à ce que la ſaiſie faite à leur requête de quinze cent ſoufflets, de cent bottes de battans de cheſne qui n'ont point eſté conduits ſur le carreau de la Halle, ni veu & viſitez par les Jurez des trois Communautez des Vanniers, Tourneurs & Boiſſeliers, & dont les droits n'ont pas eſté payez aux demandeurs ſera déclarée bonne & valable : ce faiſant, que leſd. bois de ſoufflets & battans de cheſne seront & demeureront confiſquez avec dépens, dommages & intéreſts, & qu'au cas que leſdits droits euſſent eſté payez aux Boiſſeliers, qu'ils ſeront condamnez & par corps à rendre & reſtituer aux demandeurs les deux tiers des droits qu'ils ont reçus pour la viſite deſdits bois de ſoufflets & battans de cheſne avec intéreſts, en outre que défenſes ſeront faites au ſieur Garſon cy-après nommé de plus à l'avenir acheter & recevoir aucunes marchandiſes concernantes lesdites trois Communautez qu'elles n'ayent esté conduites sur le carreau de la Halle & veuës & visitées par les Jurez desdites trois Communautez, & que les droits ne leur ayent esté payez, & ausdits Boisseliers de plus à l'avenir percevoir aucuns droits desdites Marchandises sans quelle ayent esté conduites sur le carreau de la Halle & vûs & visités par lesd. demandeurs, conformément aux Arrests de jonction rendus entre lesdites Communautés les 2 juin, 15, 16 & 29 novembre 1703, & notamment celui des 29 novembre 1703, qui ordonne précisément que toutes les marchandises concernant les Vanniers, Tourneurs, Boisseliers, qui seront apportées en cette ville, seront vûes & visitées par les Jurez des trois Commun. conjoinctement & sans qu'ils puissent prétendre de plus grands droits que ceux attribuez, sous telles peines qu'il appartiendra, & que pour la contravention dudit Garson & desd. Boisseliers, ils seront condamnez chacun en 300 livres de dommages & intérêts, en l'amende & aux dépens, & que la Sentence feroit lûe, publiée, imprimée & affichée; défendeurs à la demande incidente portée par les défenses du 15 fév.

dernier, & leurs défenses du 19 dudit mois, assistez de maître Duret contre maître Olivier le jeune, Procureur du sieur Garson maître & marchand Boisselier, & encore Procureur des Jurez en charge de la Communauté des marchands Boisseliers, défendeurs aux exploits des 22 & 29 décembre dernier, & demandeur incidamment, suivant leurs écritures ci-dessus datées, assistez de maistre Sandrier leur Avocat, parties ouies: Nous avons la saisie faite à la requeste des Vanniers & Tourneurs Parties de Duret, des quinze cent bois de soufflets & de cent bottes de battans de chesnes, déclarée bonne & valable, & cependant pour cette fois par grâce & sans tirer à conséquence: disons que les choses saisies seront vendues, en conséquence que les Réglemens & Arrests de jonctions seront exécutez selon leur forme & teneur: faisons très-expresses inhibitions & défenses à Garson, l'une des parties de Sandrier & à tous autres de faire arriver chez eux aucunes marchandises des trois Communautez sans les avoir fait visiter par les Jurez desdites trois Communautez à la Halle, & avoir payé les droits de visite, après laquelle les marchandises parfaites seront loties entre lesdites trois Communautez, & les imparfaites entre les maîtres de la Communauté à qui ils appartiennent pour les perfectionner ; seront les droits de visites de marchandises dont est question rendus ausd. parties de Duret, pour les deux tiers qui leur en apartiennent : condamnons en outre la partie de Sandrier en 15 liv. de dommages & intéressts envers ceux de Duret, 5 liv. d'amende & en tous les dépens, & sera notre Sentence lûe, imprimée, publiée & affichée, même inscrite dans le registre desdites Communautez, ce qui sera exécuté sans préjudice de l'appel : en témoin de ce, Nous avons fait sceller ces présentes; ce fut fait & donné par Messire René Herault, Chevalier, Seigneur de Fontaine-Labbé, Vaucresson & autres lieux, Conseiller d'Etat, Lieutenant-Général de Police, Prévôté & Vicomté de Paris, tenant le siége le vendredi 20 avril 1731. Collationné, contrôlé LEMAIRE, *Signé*, TARDIVEAU, & scellé, *Signé*, DOYARD. Pour copie, WILLAUME.

Du premier Juin 1734.

Avis de M. le procureur du Roi, en faveur des Jurés de la communauté des maitres Tourneurs, contre le sieur Adenot, aussi maître Tourneur; qui déclare bonne & valable la saisie des marchandises défectueuses trouvées en sa maison, & sur lui faite lors de la visite royale des Jurés, icelle confisquée au profit desd. Jurés, avec défenses de récidiver, & le condamne en l'amende & aux dépens.

SENTENCE DE POLICE,

Rendue en faveur de la Communauté des maîtres Vanniers, Quincailliers, Boisseliers & Tourneurs.

Du 16 Janvier 1735.

A TOUS ceux qui ces présentes lettres verront, Gabriel-Jérôme de Bullion, Chevalier, Comte d'Esclimont, Prévôt de Paris, SALUT, Sçavoir faisons, &c. NOUS faute par la partie défaillante d'avoir satisfait à notre Sentence du 10 sept, dernier, & suivant icelle d'avoir mis en cause le nommé Berthelet; disons que les Statuts, Arrêts & Réglemens des Communautés des parties d'Olivier, seront exécutés selon leur forme & teneur; faisons défenses à lad. partie défaillante & à tous autres de plus à l'avenir faire aucun entrepôt: En conséquence avons la saisie des bois de copeaux & autres marchandises de Boisselerie entreposées,

ſées, faite à la requête deſdites parties d'Olivier ſur la partie défaillante, déclarée bonne & valable; diſons que les choſes ſaiſies ſeront & demeureront confiſquées au profit des parties d'Olivier, pour la contravention commiſe par ladite partie défaillante, la condamnons en 15 livres de dommages & intérêts envers leſd. parties d'Olivier & aux dépens. Notre préſente Sentence imprimée, lue, publiée & affichée partout où beſoin ſera aux frais & dépens de lad. partie défaillante : Ce qui ſera exécuté nonobſtant & ſans préjudice de l'appel : & ſoit ſignifié. En témoin de ce nous avons fait ſceller ces préſentes; ce fut fait & donné par Meſſire René Herault, Chevalier, Seigneur de Fontaine-l'Abbé, Vaucreſſon & autres lieux, Conſeiller d'Etat Lieutenant-Général de Police de la Ville Prévôté & Vicomté de Paris tenant le ſiége le vendredi 7 janvier, 1735. Collationné. *Signé*, CUYRET.

Du 2 Septembre. 1735.

Sentence de Police, rendue en faveur de la Communauté des maîtres Tourneurs; contre Jacques le Doux, marchand forain de formes à chapeau; qui déclare la ſaiſie ſur lui faite des marchandises de formes à chapeau, entreposées dans une auberge, bonne & valable; en ordonne la confiscation avec défenses de récidiver ; le condamne en 15 liv. de dommages-intérêts, 3 l. d'amende & aux dépens.

Du 11 Mars 1736.

Autre Sentence, contre led. le Doux, qui le déboute de l'opposition par lui formée à la Sentence ci-dessus, avec dépens.

AVIS de M. le Procureur du Roi.

Contre le sieur Remy Pevrier; qui ordonne qu'il sera tenu de faire recevoir son apprentif.

Du 17 Avril 1736.

Extrait des Registres de la Chambre de M. le Procureur du Roi au Châtelet de Paris.

ENtre les Jurés de la Communauté des maîtres Tourneurs à Paris, demandeurs aux fins de l'exploit fait par Simonnet, Huissier à verge, le 15 du présent mois de mars, contrôlé par Berthet le même jour, assisté de Me Charles Dufour, leur Procureur, d'une part ; & Remy Pevrier, maître Tourneur à Paris, défendeur, assisté de Me Lefort, son Procureur, d'autre part : oui led. Me Dufour en son plaidoyer & par vertu dud. défaut de nous donné contre led. Me Lefort aud. nom, non-comparant duement appellé : Vu l'avenir à cejourd'hui pour plaider. Nous disons, que dans trois jours la partie de Lefort sera tenue de faire obliger l'apprentif en question, sinon ledit tems passé sera tenu de le faire sortir & le mettre hors de chez lui, led. défendeur condamné aux dépens, & soit signifié : Ce fut fait & donné par Messire François Moreau, Conseiller du Roi en son Conseil d'Etat & Privé, Honoraire en sa Cour de Parlement, Procureur de Sa Majesté au Châtelet de Paris, y tenant le Siége le jour & an que dessus. SIFFLET.

SENTENCE DE POLICE.

Rendue en faveur de la Communauté des maitres Tourneurs, contre le sieur le Doux, marchand forain; qui lui fait défenses d'entréposer des marchandises de la profession de ladite Communauté.

Du 11 Mai 1736.

A TOUS ceux qui ces présentes Lettres verront, Gabriel-Jérôme de Bullion, Chevalier, Comte d'Esclimont, Mestre de Camp du Régiment de Provence, Infanterie, Conseiller du Roi en ses Conseils, Prévôt de Paris,

SALUT. Sçavoir faisons, que sur la requête faite en jugement devant Nous à l'Audience de la Chambre de Police du Châtelet de Paris, par Me Willaume, Procureur des Jurez & Gardes en charge de la Communauté des maîtres Vanniers-Quincailliers, Bosseliers & Tourneurs de cette ville de Paris, saisissant sur le défendeur cy-après nommé differentes marchandises des tallons, formes à chapeaux & poulies, puits de bois brutte regardant la profession desdits Jurez, & demandeurs aux fins de l'exploit portant saisie desd. marchandises faite par Hebert Huissier à verge en cette Cour, le 8 du présent mois, contrôlé & présenté, tendante à faire validité de ladite saisie, & à ce que les marchandises y énoncées soient consignées au profit des demandeurs, & le défendeur ci-après nommé condamné en tels dommages & intérêts qu'il plaira à Justice arbitrer, en l'amende & aux dépens, contre Me de Laistre Procureur du sieur le Doux, marchand forain à Liége près Meaux, partie saisie, défendeur, partie saisie, partie ouies, sans que les qualités ne puissent nuire ni préjudicier ; Nous avons la saisie dont est question déclarée bonne & valable : Faiſons défenſes à la partie de de Laiſtre de reſcidiver, & néanmois par grace ſans tirer à conſéquence, ordonnons que les choſes ſaiſies lui ſeront rendues; à ce faire le Gardien contrait; ce faiſant déchargé, condamnons la partie de Laiſtre aux depens; ce qui ſera exécuté; en temoin de quoi, Nous avons fait ſceller ces préſentes, ce fut fait & donné par Meſſire René Herault. Chevalier, Seigneur de Fontaine-l'Abbé, Vaucreſſon & autres lieux, Conſeiller d'Etat, Lieutenant Général de Police de la Ville, Prévôté & Vicomté de Paris, tenant le ſiége le vendredi 11 mai 1736. Collationné. DE BEAUVAIS.

SENTENCE DE POLICE.

Rendue au profit de la Communauté des maîtres Tourneurs de la Ville & Fauxb. de Paris.

Qui maintient les maîtres Tourneurs dans le droit de lotir des bois de ſoufflets avec les maîtres Lanterniers & Boiſſeliers, ainſi que toutes marchandiſes qu'ils peuvent manœuvrer ſuivant leur jonction, par Arreſt de la Cour du Parlement.

Du 22 Août 1738.

A TOUS ceux qui ces préſentes Lettres verront, Gabriel-Jérôme de Bullion, Chevalier, Comte d'Esclimont, Prévôt de Paris, SALUT. Sçavoir faisons, que sur la requête faite en jugement devant Nous, en la Chambre de Police du Châtelet de Paris, par Me de Vitry Procureur de Louis Pevrier, Jean Chabot, Jacques Riviere, & autres Anciens, Modernes & Jeunes maîtres de la Communauté des maîtres Tourneurs à Paris, intervenants & demandeurs suivant la requête verbale signifiée le 14 fév. dernier, tendante à ce qu'en les recevant parties intervenantes dans l'instance de saisie, pendante entre les Jurés de la Communauté des maîtres Boisseliers, & Nicolas Gabillion, Tourneur. Il est dit que les maîtres Tourneurs seront maintenus & gardés dans le droit qu'ils ont & ont toujours eu, d'acheter & lottir sur le carreau de la Halle, entre les maîtres de leur Communauté, & ceux de ladite Communauté des Boisseliers, les marchandises de bois de soufflets & battans de chêne qui y arrivent, à l'effet par eux de tourner lesd. bois de soufflets, & d'employer lesd. battans de chêne aux ouvrages concernant leur profession, sans s'arrêter n'y avoir égard à la saisie que lesd. Boisseliers ont fait faire ſur ledit Gabillion, qui ſera déclarée nulle, injurieuſe, tortionnaire & déraiſonnable, & que défenſes ſeront faites aux Boiſſeliers, de faire à l'avenir de pareilles ſaiſies, & de troubler les maîtres Tourneurs dans leur profeſſion, à peine de tous dépens, dommages & intérêts; & encore demandeur aux fins de l'exploit du 30 mai dernier, fait par Lagrelette, Huiſſier à verge en cette Cour; contrôlé & préſenté, tendant aux fins & concluſions y portées, avec dépens; aſſiſté de Me Sandrier l'aîné, Avocat. Contre Me Olivier le jeune, Procureur des Jurés en charge de la Communauté des maîtres Boiſſeliers à Paris, ſaiſiſſant & demandeurs en exécution de notre précédente Sentence du 20 décembre dernier, qui a déclaré valable la ſaiſie faite à leur requête, par exploit du 3 dud. mois de décembre ſur led. Gabillion, de pluſieurs bois de ſoufflet & battans de chêne, & défendeurs à la demande en nullité de ladite Sentence, ſuivant la requête verbale, ſignifiée le 8 janvier dernier, & encore défendeur à celle d'intervention dudit jour 14 février ſuivant; aſſiſté de Me Duret leur Avocat, & contre Me Willaume Procureur de Nicolas Gabillion, maître Tourneur à Paris, partie ſaiſie, défendeur & demandeur ſuivant la requête verbale dudit jour 8 janvier dernier ; & incidemment demandeur, ſuivant ſes moyens ſignifiés le 9 dudit mois, à ce que la ſaiſie faite ſur lui à la requête deſd. Boiſſeliers, des marchandiſes de ſoufflets & battans de chêne, ſoit déclarée nulle & injurieuſe, & en conſéquence que main-levée pure & ſimple lui en ſoit faite avec dépens, dommages & intérêts, aſſiſté de Me Thiébart ſon Avocat; parties ouies, ſans que les qualités puiſſent nuire, n'y préjudicier, Nous recevons les parties de Sandrier, parties intervenantes, dans l'inſtance, & celle de Thiébart oppoſante à l'exécution de notre préſente Sentente, faiſant droit au principal: diſons que les parties de Sandrier & Thiébart, enſemble la Communauté des maîtres Tourneurs, ſeront maintenus & gardés dans le droit & poſſeſſion d'acheter à la Halle, des marchands forains, & d'y lottir toutes marchandiſes imparfaites qu'ils peuvent manufacturer, en conſéquence faiſons mainlevée pure & ſimple à la partie de Thiébart, de la ſaiſie faite ſur lui, à la requête des parties de Duret, des bois de ſoufflets & battans de chêne; ordonnons que les choſes ſaiſies ſeront rendues à lad. partie de Thiébart, à quoi faire, tous gardiens & dépoſitaires ſeront contraints & par corps, quoi faiſant déchargé; condamnons les parties de Duret en tous les dépens, envers les parties de Sandrier & de Thiébart, ce qui ſera exécuté, nonobſtant & ſans préjudice de l'appel, en temoin de quoi nous avons fait ſceller ces préſentes; ce fut fait & donné par Meſſire René Herault, Chevalier Seigneur de Fontaine-l'Abbé, Vaucreſſon & autres lieux, Conſeiller d'Etat, & Lieutenant Général de Police, au Châtelet de Paris, tenant le ſiége le vendredi 22 août, 1738. Collat. *Signé*, DE BEAUVAIS. Scellé le 30 août 1738. *Signé*, SAUVAGE.

Du 15 *Février* 1743.

Avis de M. le procureur du Roi, rendu en faveur de la Communauté des maîtres Tourneurs; contre Jean Joly, maitre Tourneur; qui déclare nul le brevet du nommé Lafrance, ſon apprentif; ordonne qu'il ſera remis au coffre, le condamne en l'amende & aux dépens, attendu que ledit apprentif travailloit au Fauxbourg Saint-Antoine.

SENTENCE DE POLICE,

Rendue au profit de la Communauté des maîtres Tourneurs de la Ville & Fauxb. de Paris.

Portant, que les faiseurs de ballets ne pourront avoir chez eux aucuns bâtons de manches à ballets, qui ne soient marquez de la marque des Tourneurs, & appointez; les maistres Tourneurs maintenus & gardés dans le droit de les vendre en gros & en détail.

Du 28 Février 1744.

A TOUS ceux qui ces présentes Lettres verront, Gabriel-Jérôme de Bullion, Chevalier, Comte d'Esclimont, Prévôt de Paris, SALUT. Sçavoir faisons que sur la requête faite en Jugement devant Nous, à l'Audience de la Chambre de Police du Châtelet de Paris, par Me Perrot l'aîné, Procureur des sieurs Jurés & Gardes de présent en charge de la Communauté de Messieurs les maîtres Tourneurs de la Ville, Fauxbourgs de Paris, saisissants sur les ci-après nommés, des Bâtons de manches de ballets non affillés & marqués de la marque des Tourneurs, différents manches montés en jour & ballet, suivant le Procès verbal de saisie faite par Trenoir, Huissier à cheval en cette Cour, le 17 du présent mois, demandeurs aux fins de l'assignation y portée, contrôlée & présentée, & défendeurs à la demande en main-levée de ladite saisie, portée par les moyens du 24, contre Me Merlin, Procureur de Marie-Margueritte Saflart, épouse separée quant aux biens de Jean-Charles Dubois, maître Bonnetier à Paris, autorisé par Justice, à la poursuite de ses droits & actions, & dud. Sr. Dubois, pour la validité de la procédure, & ayant chez-eux, & vendant sans qualité des bâtons de manches à ballets, non affillés & marqués, défendeurs & demandeurs; parties ouies, sans que les qualités puissent nuire n'y préjudicier; Nous ordonnons que les Statuts de la Communauté des maîtres Tourneurs, seront exécutés, en conséquence avons la saisie faite sur les parties de Merlin, en ce qui touche les bâtons des manches & ballets, non affillés & marqués, declarée bonne & valable, ordonnons qu'ils seront vendus au bureau, & sans frais, en la maniere ordinaire; néanmoins par grace, & sans tirer à conséquence, le prix de lad. vente rendue à la partie de Merlin, ainsi que les ballets mentionnés en lad. saisie, à quoi faire les dépositaires contraints, ce faisant dechargés; faisons défenses à la partie de Merlin, de vendre des bâtons de manches à ballets, en bottes & en détail, sinon avec les ballets, & d'en avoir chez elle sans être marquez de la marque des Tourn. ni affilés; maintenons & gardons les Tourneurs dans le droit de vendre lesd. bâtons, en gros & en détail; condamnons la partie de Merlin, pour en avoir vendu, sans être affillés & attachés aux ballets, en 3 l. d'amende, 10 l. de dommages & intérêts envers les parties de Perrot, & aux dépens. Ce qui sera exécuté, nonobstant & sans préjudice de l'appel. En témoin de quoi, Nous avons fait sceller ces présentes, qui furent faites & données par Messire Claude-Henry Feydeau, Chevalier, Seigneur de Marville & autres lieux, Conseiller du Roy, Lieutenant-Général de Police au Châtelet de Paris, tenant le siége, le vendredy vingt-huit Février, mil sept cent quarante-quatre. Collationné, *Signé*, CUYRET. Scellé le 11 Mars 1744.

SENTENCE

SENTENCE DE POLICE,

Rendue au profit de la Communauté des maîtres Tourneurs de la Ville & Fauxb. de Paris.

Portant qu'il est permis à tous maîtres Tourneurs de vendre & débiter des tamis & toutes autres marchandises que font les Lanterniers-Boisseliers, provenantes de campagne, aussi bien que celles qui viennent imparfaites qu'ils manœuvrent.

Du 11 Septembre 1744.

A TOUS ceux qui ces présentes Lettres verront, Gabriel-Jérôme de Bullion, Chevalier, Comte d'Esclimont, Conseiller du Roy en ses Conseils, Prévôt de Paris : SALUT. Sçavoir faisons, que sur la requête faite en jugement devant Nous, à l'audience de la Chambre de Police du Châtelet de Paris, par Me Perrot l. Procureur du sieur Jacques Riviere, maître Tourneur à Paris, & Juré en charge de sa Communauté, défendeur au procès-verbal des saisies, sur lui faites, de 25 tamis à bouillons, & clouez à pointe de maréchal, de 15 grands tamis, servant à office, clouez à clouds de maréchal, de 34 petits tamis clouez comme les autres, le tout de toille de crin;

de treize tamis de vieille toille de ſoie ; clouez comme les précedens, d'un tambour de toille de ſoie neuve, de quatre petits tambours de toille de crin à paſſer tabac, clouez; qui ſont toutes marchandiſes parfaites, achetez par le ſieur Riviere des maîtres forains & lottis, ſur le carreau de la Halle, de quarante trois bottes de bois, de vingt-quatre bottes de bâtons d'hétre & chêne, de dix bottes de ſix pouces non eſtimés, qui ſont marchandiſes imparfaites, ſervant à l'uſage & proffeſſion du métier de Tourneur, auſſi lottis par ledit ſieur Riviere ſur le carreau de ladite Halle, par exploit du 9 mars dernier, & à la ſaiſie y portée, dûement préſenté, demandeur afin de nullité & main-levée de ladite ſaiſie ſuivant ſes moyens du 19 dudit mois de mars & afin que les Arrêts du Parlement des 29 novembre 1603, 22 mai 1604, la Sentence de Police du 22 août 1738, & les Réglemens ſoient exécutés, & qu'aux termes d'iceux les maîtres Tourneurs ſoient maintenus & gardez dans le droit de lottir avec leſdits Vanniers-Quincailliers, & les Boiſſeliers, les marchandiſes entieres & parfaites, & de les vendre & débiter en leur boutique ſans pouvoir être saisis par aucuns des Jurés desd. métiers, les uns sur les autres, comme aussi que les maîtres Tourneurs soient maintenus dans le droit de lottir les marchandises imparfaites qu'ils peuvent manufacturer, contre MeOlivier j. Procureur de Nicolas Vaugeois & Louis-Michel Boizard maîtres Boisseliers à Paris, & Jurez de présent en charge de leur Communauté, saisis, demandeurs & défendeurs parties ouies; sans que les qualités puissent nuire ny préjudicier, Nous après qu'il en a été délibéré sur les piéces & dossiers des parties, ordonnons que les Arrêts, Sentences & Réglemens intervenus entre les Communautés des Vanniers, Boisseliers & Tourneurs seront exécutés, en conséquence déclarons la saisie faite par les Jurez Boisseliers parties d'Olivier, sur le nommé Riviere partie de Perrot, nulle & de nul effet, en faisant main-levée à lad. partie de Perrot: disons, que les Marchandises tant parfaites que celles qui ne le sont pas, mentionnées en lad. saisie & lotties par ladite partie de Perrot maître Tourneur, suivant le droit de sa Communauté, lui seroit rendues & restituées, à quoi faire les parties d'Olivier contraintes, même par corps, quoi faisaint déchargée : & condamnons les parties d'Olivier en tous les dépens envers la partie de Perrot; ce qui sera exécuténonobstant & sans préjudice de l'appel : en temoin de ce nous avons fait sceller ces présentes: ce fut fait & donné par Messire Claude-Henry-Feydeau de Marville, Chevalier, Conseiller du Roi en ses Conseils, Maître des Requêtes ordinaire de son Hôtel, Lieutenant-Général de Police, de la Ville, Prévôté & Vicomté de Paris, tenant le siége le vendredi 11 septembre 1745. Collat. *Signé*, DE BEAUVAIS.

ARREST
DU CONSEIL D'ÉTAT DU ROI,

Qui ordonne qu'en payant 6000 liv. les Offices d'Inspecteurs & Contrôleurs des Jurés, seront réunis à la Communauté.

Du 22 May 1745.

Extrait des Registres du Conseil d'État.

SUR la requête présentée au Roi en son Conseil, par les Jurés, en charge & Communauté des maîtres Tourneurs de la ville & fauxbourgs de Paris, &c. Le Roi en son Conseil, a agréé & reçu la soumission faite par les maîtres Tourneurs de la ville & fauxbourgs de Paris, de payer la ſomme de 6000 l. pour la réunion de douze offices créés dans leur Communauté, par l'Edit du mois de février 1745, & en conſéquence a ordonné & ordonne, qu'en payant leſd. 6000 liv. dans les termes énoncés dans lad. ſoumiſſion ; leſdits offices d'inſpecteurs & contrôleurs des Jurés, ſeront & demeureront réunis à lad. Communauté, pour par elle en jouir des gages, droits & prérogatives attribués auſd. offices, ſans que ladite Communauté ſoit tenue de payer les 2 ſols pour liv. de lad. ſomme, dont Sa Majeſté lui fait don & remiſe ; permet Sa Majeſté à ladite Communauté, pour lui faciliter le payement de la finance deſd. offices, d'emprunter lad. ſomme de 6000 l. d'affecter & hypothéquer au profit de ceux qui prêteront leurs deniers, les gages & droits attribués auſd. offices ; enſemble les autres biens & revenus, & de paſſer à cet effet tous contrats de conſtitution néceſſaire, & pour mettre lad. Communauté en état de rembourſer par la ſuite, les ſommes qu'elle aura empruntées, lui permet Sa Majeſté, de recevoir huit maîtres ſans qualité, à raiſon de 500 l.

chacun, non compris les frais de chef-d'œuvres, droit de présence des Jurés, anciens & maîtres appellés aux réceptions & autres droits ordinaires; Ordonne Sa Majesté, que les maîtres qui seront élus Jurés à l'avenir, payeront chacun la somme de 50 liv. au profit de la Communauté, & que les maîtres payeront 10 sols pour chaque visite ordinaire, dont les maîtres qui auront passé les charges seront néanmoins exemps au moyen des 50 liv. payées lors de leur jurande, duquel droit il restera aux Jurés 5 sols pour leur frais, & les autres 5 sols seront remis dans le coffre de la Communauté; comme aussi qu'il sera payé pour chaque brevet d'apprentissage 12 liv. sçavoir, 6 liv. au profit de la Communauté, y compris 20 sols de l'hôpital, & 6 liv. pour le droit de présence des jurés; Ordonne en outre, Sa Majesté, qu'il sera payé au profit de la Communauté pour chaque ouverture de boutique, la somme de 12 liv. & celle de 30 liv. par les fils des maîtres qui seront admis à la maîtrise; seront lesd. droits de réceptions & autres ci-dessus spécifiés, pareillement affectés & hypothéqués au payement des arrérages des rentes qui proviendront de l'emprunt desd. 6000 liv. même employé au remboursement de portion des principaux, à mesure qu'il y aura des fonds, à l'effet de quoi les Jurés successivement en charge, seront tenus d'en compter, ainsi que du produit des gages, & droits attribués aufd. offices réunis. Fait au Conseil d'Etat du Roy, tenu au Camp devant Tournay, le 22 may 1745. DEVOUGNY. *Collationné.*

Du 18 *Novembre* 1746.

Sentence de Police, rendue en faveur de la Communauté des maîtres Tourneurs; contre le sieur Joly, maitre Tourneur à Paris; qui déclare bonne & valable la saisie sur lui faite, de 79 bottes de jong, par lui achetées d'un marchand forain, sans avoir été visitées par les Jurés, & loties entre tous les maitres; ordonne qu'elles seront vendues au bureau à tous les maitres; lui fait défenses de récidiver, ainsi qu'à tous autres maitres & veuves de ladite Communauté, & le condamne aux dépens.

ARREST
DE LA COUR DE PARLEMENT,

Qui juge les oppositions formées par les Communautés des Tapissiers, Tourneurs, Serruriers: Charrons, & Fripiers, aux nouveaux Statuts de la Communauté des maîtres Menuisiers-Ebénistes de la Ville & Fauxbourgs de Paris, & en ordonne l'exécution avec les maîtres Charpentiers.

Du 21 Mai 1751.

LOUIS, par la grace de Dieu, Roi de France & de Navarre : Au premier Huissier de notre Cour de Parlement, ou autre Huissier ou Sergent sur ce requis, sçavoir faisons : qu'entre les maîtres Menuisiers-Ebénistes de la Ville & Fauxbourgs de Paris, &c. NOTREDITE COUR faisant droit sur le tout, en tant que touche l'opposition formée par les Syndic & Jurés de la Communauté des maîtres marchands Tapissiers de Paris, aux articles 31, 32, 34 & 36 des nouveaux Statuts des maîtres Menuisiers de Paris, ayant aucunement égard aux demandes respectives des parties, ordonne que les Tapissiers pourront tenir & vendre dans leurs boutiques & magasins toutes sortes de meubles & ouvrages de menuiserie & ébénisterie brisés & non brisés, ausquels il est nécessaire pour leur perfection d'employer & ajouter l'ouvrage & la main-d'œuvre du Tapissier, à condition toutefois que lesd. meubles & ouvrages de menuiserie & ébénisterie seront faits & fabriqués par les maîtres Menuisiers-Ebénistes de Paris, & marqués de la marque du maître Menuisier-Ebéniste qui les aura faits; & à l'égard des autres meubles & ouvrages neufs de menuiserie & ébénisterie ausquels il n'est pas nécessaire d'ajouter & joindre pour leur perfection l'ouvrage & la main-d'œuvre du Tapissier; pourront les Tapissiers acheter lesdits meubles & ouvrages de menuiserie & ébénisterie neufs, soit des maîtres Menuisiers & Ebénistes qui les leur vendront pour subvenir à leurs nécessités; soit des bourgeois qui les vendront volontairement, soit lorsque lesd. meubles & ouvrages de menuiserie & ébénisterie se trouveront exposés en vente judiciaire, à la charge néanmoins, 1°. Qu'à l'égard de ceux qui seront vendus par les Menuisiers-Ebénistes pour subvenir à leurs nécessités, il en sera fait un état dans lequel lesd. Menuisiers-Ebénistes, vendeurs, déclareront leurs noms & demeures, reconnoîtront les avoir vendus, & seront tenus de les marquer de leur marque. 2°. Qu'à l'égard de ceux qui seront achetés en vente volontaire ou forcée desd. Tapissiers seront tenus dans les vingt-quatre heures, après l'enlevement d'iceux, d'en faire leur déclaration par écrit au bureau de la Communauté des maîtres Menuisiers, & de tenir registre conformément à leursdites déclarations, tant desd. meubles, que de tous autres qu'il leur est permis d'acheter; pour que lesd. meubles & ouvrages neufs par eux achetés, en cas qu'ils ne se trouvent marqués de la marque d'un maître Menuisier-Ebéniste, puissent être marqués par les Jurés Menuisiers-Ebénistes de la marque de leur Communauté, soit dans les lieux où ils auront été achetés, soit dans les boutiques & magasins desdits Tapissiers; à l'effet de quoi lesd. Jurés Menuisiers-Ebénistes seront tenus dans les vingt-quatre heures de la déclaration & avertissement des Tapissiers, de venir marquer lesd. meubles & ouvrages sans frais, & faute de ce faire dans ledit tems, lesdits Tapissiers pourront en disposer, sans que par le défaut de marque ils puiſſent être ſaiſis par leſd. Menuiſiers; en conſéquence, ordonne que dans trois mois, à compter du jour de la ſignification du préſent Arrêt, les Jurés Menuiſiers ſeront tenus de faire faire & dépoſer en leur bureau, ſi fait n'a été, une nappe de plomb, ſur laquelle ſeront empreintes, tant la marque de leur Communauté, que celle de chacun maître en particulier; & que dans ſix mois auſſi, à compter du jour de la ſignification du préſent Arrêt au bureau des Tapiſſiers, les Jurés Menuiſiers ſeront tenus de marquer, de la marque de leur Communauté, tous les meubles & ouvrages de menuiſerie & ébéniſterie qui ſe trouveront non marqués dans les boutiques & magaſins des Tapiſſiers, & ce, en préſence de deux Jurés Tapiſſiers, ou eux duement appellés par une ſommation judiciaire qui ſera faite à leur bureau; après laquelle marque générale faite, tous les meubles & ouvrages neufs de menuiſerie & ébéniſterie qui ſe trouveront chez leſd. Tapiſſiers ſans la marque de la Communauté des Menuiſiers ou de celle du maître Menuiſier-Ebéniſte qui les aura faits, pourront être ſaiſis & confiſqués au profit des Menuisiers, avec amende & dépens; & jusqu'à ce que lad. marque générale ait été faite, il ne pourra être procédé par les Jurés Menuisiers à aucune saisie chez lesd. Tapissiers, des meubles & ouvrages de menuiserie & ébénisterie non marqués; ordonne qu'à l'avenir tous maîtres Menuisiers-Ebénistes qui vendront des ouvrages de menuiserie & ébénisterie seront tenus de marquer de leur marque particuliere les principales pieces desd. meubles & ouvrages qui peuvent être désassemblées, & au moins une des pieces qui ne se désassemblent point, pour en cas de saisie par les Jurés Menuisiers sur les Tapissiers, desd. meubles & ouvrages comme défectueux, le Tapissier qui sera saisi puisse avoir son recours contre le Menuisier qui les aura vendus; ordonne en outre que les Jurés Tapissiers & Jurés Menuisiers-Ebénistes auront le droit de visite réciproque les uns chez les autres, pour empêcher les contraventions que les deux Communautés pourroient faire l'une sur l'autre, & quant aux meubles & ouvrages neufs de menuiserie-ébénisterie que les bourgeois de Paris acheteront dans les lieux privilégiés, ils seront tenus pour les faire

transporter

transporter chez eux, de les accompagner, soit par eux-mêmes ou par leurs enfans & domestiques, à peine de saisie & confiscation au profit desd. maîtres Menuisiers. Sur l'opposition formée par les Jurés & Communauté des maîtres Fripiers de Paris à l'article 39 des mêmes Statuts desd. Menuisiers ; ordonne que les Fripiers ne pourront faire faire aucuns ouvrages neufs de menuiserie & ébénisterie pour les exposer en vente ; mais pourront seulement les acheter, soit des maîtres Menuisiers-Ebénistes qui les vendront pour subvenir à leurs nécessités, soit des bourgeois qui les leur vendront volontairement, soit lorsque lesd. ouvrages seront exposés en vente judiciaire, le tout en se conformant par eux & par les Jurés Menuisiers, à ce qui est ci-dessus jugé à cet égard sur l'opposition des Tapissiers, & auront lesdits Jurés Menuisiers droit de visite chez lesdits Fripiers, à l'effet de connoître & empêcher les contraventions, qui pourroient se commettre par les Fripiers dans les achats & reventes desd. ouvrages de menuiserie & ébénisterie. Sur l'opposition formée par les Jurés & Communauté des maîtres Serruriers aux mêmes Statuts desdits Menuisiers ; ordonne que les rampes de chaires à prêcher mentionnées en l'article 50 desd. Statuts, seront faites & posées, sçavoir, celles en bois par les Menuisiers, & celles en fer par les Serruriers : Que toutes les ferrures nécessaires pour assembler, faire ouvrir & fermer, orner & soutenir les ouvrages de menuiserie ébénisterie mentionnés ès articles 70, 83 & 85 desd. Statuts, seront faites & posées par les Serruriers : pourront néanmoins les Menuisiers - Ebénistes appliquer aux mêmes ouvrages d'ébénisterie les ferrures nécessaires, en les faisant faire par les maîtres Serruriers ; comme aussi ordonne que tous les ressorts & ferrures nécessaires détaillés dans l'article 76, seront faits & posés par les Serruriers ; que les ferrures nécessaires pour attacher & clouer les manches de bois des armes dont il est fait mention en l'article 80 desd. Statuts, seront faites & posées par les Serruriers ; & sur l'article 86 des mêmes Statuts, ordonne que les Menuisiers jouiront du droit qui leur est accordé par ledit article, de saisir & confisquer à leur profit les ferrures qui se trouveront sur les ouvrages de menuiſerie & ébéniſterie, lorſque leſdites ferrures ne pourront être ôtées ſans gâter & déteriorer leſd. ouvrages de menuiſerie & ébéniſterie ſaiſis, ſauf aux Serruriers, s'ils ne ſont pas payés deſd. ferrures, à ſe pourvoir contre ceux ſur leſquels leſd. ouvrages auront été ſaiſis; Ordonne pareillement, que les Serruriers qui ſe trouveront dans le cas de ſaiſir des ouvrages de leur métier, faits par gens ſans qualité, attachés à des ouvrages de menuiſerie & ébéniſterie, pourront ſaiſir & confiſquer à leur profit leſd. ouvrages de menuiſerie & ébéniſterie, ſi les ferrures ne peuvent en être ôtées ſans être gâtées & déteriorées, ſauf aux Menuiſiers & Ebéniſtes qui auront fait leſd. ouvrages de menuiſerie & ébéniſterie, à ſe pourvoir contre l'ouvrier ſans qualité, qui aura fait & poſé leſdites ferrures. Sur l'oppoſition formée par les Jurés & Communauté des maîtres Charrons aux articles 32 & 81 des mêmes Statuts; ordonne que les Charrons ne pourront faire par eux-mêmes ni faire faire par d'autres que par les maîtres Menuiſiers les corps & caiſſes de bois pour les carroſſes, calêches, chars, chaiſes de poſtes & toutes autres voitures mentionnées dans ledit article 81; lesquels corps & caisses de bois de toutes lesdites voitures seront marquées de la marque du maître menuisier qui les aura faits, sans que les Menuisiers puissent faire aucuns autres ouvrages entrant dans la perfection desd. voitures, ni les vendre parfaites; & ne pourront lesdits Menuisiers & Charrons avoir droit de visite respective les uns chez les autres, que dans le cas seulement où ils auroient connoissance des contraventions; auquel cas ils se pourvoiront devant le Lieutenant de Police, pour être autorisés à faire les visites nécessaires, & saisir les ouvrages qui se trouveront en contravention.

« Et sur l'opposition formée par les » Jurés & Communauté des maîtres » Tourneurs aux mêmes Statuts des » Menuisiers; ordonne que les Arrêts » & Réglemens rendus entre lad. Com» munauté des Tourneurs & celle des » Menuisiers, seront exécutés; en con» séquence permet aux Tourneurs d'em» ployer pour la perfection de leurs » ouvrages ceux de menuiserie qu'ils » auront fait faire, & achetés chez les » maîtres Menuisiers de cette Ville, & » qui seront marqués de la marque du » maître Menuisier qui les aura faits,

» ſans préjudice néanmoins du droit
» des Tourneurs, d'uſer des outils quant
» aux rapports qu'ils peuvent avoir
» avec leur profeſſipn , & ſuivant les
» conditions appoſées à l'article 31 ;
» comme auſſi ordonnées que les Me-
» nuiſiers auront concurremment avec
» les Tourneurs , le droit de faire les
» manches de bois des lances, piques,
» eſpontons , javelots & autres armes
» qui en ont beſoin ; ordonne pareil-
» lement que les Tourneurs ſeront
» admis concurremment avec les Me-
» nuiſiers à acheter & lotir ſur les ports
» de Paris, tous les bois de ſciage ſeu-
» lement, à la charge par leſd. Tour-
» neurs d'employer leſd. bois aux ou-
» vrages de leur métier, ſans pouvoir
» les regratter ni revendre qu'ils ne
» ſoient par eux manufacturés; au ſur-
» plus ordonne qu'il ſera paſſé outre
» à l'enregiſtrement , ſi faire ſe doit,
» des lettres - patentes obtenues par
» leſd. Jurés Menuiſiers, portant con-
» firmation de leurſd. Statuts; le tout,
» aux charges & conditions portées par
» le préſent Arrêt : Déclare le préſent
» Arrêt commun avec les Jurés &
» Communauté des Charpentiers de
» Paris. Et ſera le préſent Arrêt, im-

» primé & transcrit sur les regiſtres de » toutes leſd. Communautés, à leurs » frais & dépens, sur le pied que les » vacations, épices & coûts d'icelui » en seront réglées : sur le surplus de » toutes autres demandes, fins & con- » cluſions, met les parties hors de » Cour & de procès, tous dépens com- » penſés : SI MANDONS mettre le pré- » ſent Arrêt à due, pleine & entiere » exécution, ſelon ſa forme & teneur ; » de ce faire te donnons plein & entier » pouvoir. DONNÉ en Parlement, le » 21 mai, l'an de grace 1751. Et de » notre régne le trente-ſixiéme. Col- » lationné par LANGELÉ. Par la Cham- » bre. *Signé*, DUFRANC.

SENTENCE DE POLICE.

Pour la Communauté des maîtres Tourneurs ; contre celle des maîtres Fondeurs ; qui décharge les Jurés Tourneurs, & fait main-levée des ſaiſies faites ſur eux perſonnellement de leurs meubles, à la requête des maîtres Fondeurs, avec dépens.

Du 24 Novembre 1756.

A TOUS ceux qui ſes préſentes lettres verront, &c. NOUS avons les ſaiſies-exécutions faites à la requête des parties de Béchu, des meubles & effets personnels des parties de Cornisset déclarées nulles, condamnons les parties de Béchu aux dépens; ce qui sera exécuté nonobstant & sans préjudice de l'appel. En témoin de quoi, Nous avons fait sceller ces présentes; qui furent faites & données au Châtelet de Paris, par Messire Jérôme d'Argouges, Lieutenant Civil, tenant le siége le mercredi 24 novemb. 1756. Collationné. *Signé*, LA FONTAINE.

Du 16 Octobre 1759.

Arrêt du Conseil d'Etat du Roi; qui confirme l'emprunt de 4000 liv. permet de recevoir huit maitres sans qualité, comme aussi de percevoir pendant dix ans, pour la réception à la maitrise de chaque apprentif de ville, 200 liv. au lieu de 150 liv. pour celle des enfans nés avant la maitrise de leur pere, celle de 100 liv. au lieu de 30 liv. de chaque apprentif, 12 liv. au lieu de 6 liv. & de chaque maitre pour ouverture de boutique, 18 liv. au lieu de 12 liv. &c.

SENTENCE DE POLICE.

Rendue en faveur de la Communauté des maîtres Tourneurs, & le sieur Cabochet; contre les sieurs Jacques Chauveau, Léonard-Martin Dubois, Louis Billet, Antoine Massieux, Augustin Valois, & Martincourt, maîtres & anciens de ladite Communauté.

Qui ordonne l'exécution des Statuts & Réglemens d'icelle, fait main-levée de l'opposition formée par ces derniers; ordonne la réception dudit sieur Cabothet, attendu qu'il n'est pas nécessaire d'avoir quatre années de compagnonage outre les quatre années d'apprentissage, dépens compensés.

Du 10 Décembre 1762.

A TOUS ceux qui ses présentes Lettres verront, Alexandre de Ségur, Chevalier de Franc, Paulliac, Lafitte, Queyrac & autres lieux, Conseiller du Roy en ses Conseils, Prévôt de la Ville, Prévôtê & Vicomté de Paris, SALUT; Sçavoir faisons, que sur la requête faite en jugement devant Nous à l'Audience de la Chambre de Police du Châtelet de Paris, par Me Louis Cornisset, Procureur des sieurs Louis-Claude-Jacques, & Louis-François Jetton, maîtres Tourneurs à Paris, & Jurés-Comptables de leur Communauté, & encore led. Me Cornisset Procureur du nommé Jean-Baptiste Cabochet, aspirant à la maîtrise de maître Tourneur, défendeur à l'opposition formée par les ci-après nommés, à la réception dudit Cabochet, à la maîtrise de maître Tourneur, sur le fondement qu'il ne justifioit pas des quatre années de compagnonage, au par-dessus des quatre années d'apprentissage; demandeurs aux fins de la requête à Nous présentée, au bas de laquelle est notre ordonnance du 22 septembre dernier; & de l'exploit fait en conséquence le lendemain, par Chavrel; contrôlé le même jour par Duvergé; sur lequel exploit est intervenue notre ordonnance du 24, portant renvoi à l'audience; & encore demandeurs aux fins de leur requête verbale du 27 dudit mois de septembre, & de celle du 16 octobre dernier; tendante entr'autres choses à fin de main-levée de ladite opposition; fondé sur ce que quatre années d'apprentissage suffisent pour pouvoir être admis à la maîtrise, aux termes de l'article 3 des Statuts dont il s'agit; & que jamais dans la Communauté des Tourneurs on n'a exigé quatre années de compagnonage au par-dessus des quatre années d'apprentissage ; & défendeurs à celle signifiée le 4 novembre dernier ; & demandeurs suivant leurs moyens du 5, le tout tendant aux fins y contenues, avec dépens, dommages & intérêts ; contre Me Royer, Procureur des sieurs Jacques Chauveau, Louis-Léonard-Martin Dubois, Louis Billet, Antoine Massieux, Augustin Valois, & Simon Martincourt, maîtres Tourneurs à Paris, défendeurs & demandeurs : Parties ouies, sans que les qualités puissent nuire n'y préjudicier : Nous, après qu'il en a été délibéré sur les piéces & dossiers des parties au principal ; faisant droit sur les demandes & contestations des parties ; ordonnons que les Statuts & Réglemens de la Communauté des maîtres Tourneurs, & notamment les articles 3 & 4 seront exécutés selon leur forme & teneur ; en conséquence & attendu que le nommé Cabochet, l'une des parties de Cornisset, a satisfait auxd. Statuts, & notamment auxd. articles 3 & 4, tant par la représentation qu'il a fait aux Jurés actuellement en charge, d'un brevet d'apprentissage bien & duement certifié, qui constate qu'il a travaillé chez le ſieur Thibault, maître Tourneur, comme apprentif, pendant quatre ans, que par le payement & la conſignation qu'il a fait entre les mains du Juré-Comptable des droits qui ſont à la charge de l'aſpirant à la maîtriſe, & au moyen des offres qu'il a toujours fait & qu'il réitére de faire le chef-d'œuvre conformément audit article 4, & qu'il n'eſt pas néceſſaire d'avoir quatre années de compagnonage au par-deſſus des quatre années d'apprentiſſage, fixées par leſd. Statuts; enjoignons aux Jurés de préſent en charge de ladite Communauté & aux maîtres qui doivent aſſiſter aud. chef-d'œuvre & à la réception, de ſe trouver au bureau pour aſſiſter audit chef-d'œuvre & procéder ſi le cas y échet, & de ſuite à lad. réception; en conſéquence faiſons main-levée de l'oppoſition dont s'agit ſur les dommages & intérêts, mettons les parties hors de Cour, dépens compenſés entr'elles qu'elles pourront employer en frais de Jurande: diſons que la préſente Sentence ſera inſcrite à la ſuite des Statuts, & ſur le regiſtre de lad. Communauté, à ce que perſonne n'en prétende cauſe d'ignorance: ce qui ſera exécuté nonobſtant & ſans préjudice de l'appel. En témoin de ce, Nous avons fait ſceller ces préſentes, faites & jugées par M. de Sartine, Lieutenant-Général de Police, tenant le ſiége au Châtelet le vendredi 10 décembre 1762.

LA FONTAINE.

DÉCLARATION DU ROI,

Portant défenſes aux Corps & Communautés de marchands & artiſans du royaume, d'emprunter, ſans y avoir été autoriſés par des Lettres-Patentes.

Donnée à Verſailles le 2 Avril 1763.

LOUIS par la grace de Dieu, Roi de France & de Navarre : A tous ceux qui ces préſentes lettres verront ; SALUT, les emprunts que les Communautés de marchands & artiſans ſe ſont crues en droit de faire en différens temps, ſouvent ſans cauſes légitimes, & même quelquefois ſans y avoir été dûement autoriſées, les ont jettées dans le plus grand dérangement, ce déſordre s'eſt même étendu juſqu'à tous les Artiſans des différens métiers. Le prétexte de l'acquittement de leurs dettes

a

a donné lieu aux différens droits établis dans l'intérieur des Communautés, tant sur les matieres premieres, que sur les marchandises fabriquées, ainsi que sur les brevets d'aprentissage, compagnonage & maîtrise, d'où il résulte une augmentation de prix de la marchandise toujours préjudiciable au public. Les suites funestes s'en sont fait ressentir également, soit pour les corps & Communautés de marchands & Artisans qui sont chargés de droits qui consomment une grande partie du fruit de leur travail, soit pour le commerce qui se trouve privé par-là du nombre de bons Ouvriers qui ne peuvent ou ne veulent pas entrer dans des Corps & Communautés ainsi surchargés ; a quoi désirant pourvoir. A CES CAUSES, de l'avis de notre Conseil & de notre certaine science, pleine puissance & autorité royale : Nous avons dit, déclaré & ordonné, & par ces présentes signées de notre main disons, déclarons & ordonnons, voulons & nous plaît que tous les Corps & Communautés de marchands & Artisans de notre royaume tels qu'ils soient, ne puissent emprunter aucune somme directement ou indirectement, ni s'obliger sous quelque forme

&prétexte que ce puiſſe être, ſans y avoir été autoriſés par nos lettres-patentes enregiſtrées en nos Cours en la maniere accoutumée. Si donnons en mandement à nos Amés & féaux Conſeillers les Gens tenans notre Cour de Parlement à Paris, que ces préſentes ils ayent à faire lire, publier & enrégiſtrer, & le contenu en icelles garder & obſerver ſelon leur forme & teneur, nonobſtant tous Edits, Déclarations, Arrêts, Lettres-Patentes & autres choſes à ce contraires, auxquels nous avons dérogé par ceſdites préſentes, aux copies deſquelles collationnées par l'un de nos amés & féaux Conſeillers-Secrétaires, voulons que foi ſoit ajoutée comme à l'original : Car tel eſt notre plaiſir. En témoin de quoi nous avons fait mettre notre ſcel à ceſdites préſentes. Donné à Verſailles le deuxieme jour d'avril, l'an de grace 1763, & de notre Regne le quarante-huitieme. *Signé*, LOUIS. *Et plus bas*; Par le Roi, PHELYPEAUX. Vu au Conſeil, BERTIN. Et ſcellée du grand Sceau de cire jaune.

Regiſtrée le 7 ſeptembre 1763.

SENTENCE DE POLICE,

Portant Réglement pour la Communauté des maîtres Tourneurs de la Ville & Fauxbourgs de Paris, au ſujet de ce qui doit être obſervé lors des Délibérations.

Du 17 Août 1764.

A TOUS ceux qui ces préſentes verront, Aléxandre de Ségur, Chevalier, Seigneur de Franc & autres lieux; Prévôt de Paris, SALUT, &c. DISONS que la délibération du 13 juillet dernier dont il s'agit, eſt & demeure homologuée ſelon ſa forme & teneur, en conſéquence que les maîtres Tourneurs ſeront tenus de porter honneur & reſpect tant aux Jurés qu'aux Anciens, & que pour éviter le trouble, le tumulte & la cabale lors des délibérations qui ſeront priſes dans le bureau & ailleurs, ſuivant l'exigence des cas, la Communauté ſera aſſemblée par trois colonnes diviſément, ſçavoir la colonne des Anciens la premiere, la colonne des modernes la ſeconde, & la colonne des jeunes la derniere; qu'alors les voix ſeront receuillies par les plus Anciens des Jurés, en obſervant par lui l'ordre du tableau. Faiſons défenſes aux maîtres de lad. Communauté d'ouvrir leur opinion avant leur tour, de causer aucun trouble & de fomenter aucune cabale, soit avant ou lors desdites délibérations, à peine contre les contrevenans de 50 liv. d'amende applicable au profit de ladite Communauté, laquelle amende ne pourra être remise ni modérée sous quelque prétexte que ce soit, & qu'en cas de récidive les contrevenans seront exclus du bureau pendant dix ans. Donnons lettres à le Masson de la déclaration qu'il fait pour sa partie, qu'elle a reçu satisfaction en conséquence, tant sur la demande de ladite partie de le Masson, à fin de restitution que sur les autres demandes, fins & conclusions des parties, les mettous de leur consentement hors de cour & de procès, tous dépens entr'elles compensés, que les parties de Thorel employeront néanmoins en frais de jurande, pour en être remboursées sur les deniers de ladite Communauté. Disons que notre présente Sentence sera à la diligence des Jurés imprimée, & un exemplaire d'icelle envoyé à chacun des maîtres de ladite Communauté, même qu'elle sera transcrite sur le registre des délibérations, & sur un tableau qui ſera placé dans l'endroit le plus apparent du bureau, à ce que perſonne n'en ignore; ce qui ſera exécuté nonobſtant & ſans préjudice de l'appel: En témoin de ce nous avons fait ſceller ces préſentes. Donné par M. le Lieutenant-Général de Police le vendredi 17 août 1764, Scellé SCHMIT. Collationné, VINCENT.

JUGEMENT.

Le Procureur du Roi, demandeur & accuſateur.

Pierre Savart, maître Tourneur, Juré-Comptable de ſa Communauté, défendeur & accuſé.

Du 13 Décembre 1765.

NOUS, par délibération de Conſeil, oui ſur ce le Procureur du Roi en ſes concluſions, déclarons ledit Pierre Savart duement atteint & convaincu des violences, voies de fait, & contraventions par lui commiſes, étant lors Juré-Comptable de la Communauté des maîtres Tourneurs, & véhement ſuſpect d'avoir rayé & batonné la premiere page des qualités de la Sentence de réglement du 17 août 1764, tranſcrite ſur le regiſtre des délibérations de lad. Communauté, ainsi qu'il est mentionné au procès, pour réparations, le condamnons à être mandé en la Chambre pour y être admonêté en présence des juges; defenses à lui faites de récidiver sous peine de punition exemplaire; le condamnons en 3 liv. d'aumône applicable au pain des pauvres prisonniers du grand Châtelet : disons, que ledit Pierre Savart sera & demeurera exclu pendant six mois des assemblées de ladite Communauté; lui faisons défenses & à tous autres, de déplacer du bureau de lad. Communauté, ledit registre desdites délibérations, sous telle peine qu'il appartiendra : disons, que notre présente Sentence sera, à la diligence des Jurés actuellement en charge de ladite Communauté, lue par l'Huissier de ladite Communauté, à la premiere assemblée desdits maîtres Tourneurs, & icelle transcrite sur ledit registre; comme aussi disons, que ladite Sentence du 17 août 1764, sera pareillement transcrite de nouveau sur ledit registre des délibérations; desquelles lecture & transcription sera justifié au Procureur du Roi, dans un mois, par lesdits Jurés.

Jugé le 13 Décembre 1765. *Signé*, de Sartine, Dupont, Fossojeux, Delamarniere, Huerne, Le Roy d'Herval, Chupin & Ducoudrey, Rapporteur en cet endroit de la minute des présentes.

Au-dessous est écrit ce qui suit.

Le présent Jugement a été prononcé à M. le Procureur du Roi, cejourd'hui 13 desd. mois & an, a dit n'être appellant; *signé* en la minute des présentes. Moreau.

Au-dessous est encore écrit ce qui suit :

Et le 27 janvier 1766, est comparu au Greffe de la police, ledit Pierre Savart, suivant l'assignation à lui donnée par Bonnaire, Huissier, à la requête du Procureur du Roi, lequel après que la lecture lui a été faite du jugement du 13 décembre dernier a dit y acquiesser, & a signé ainsi. *Signé* en la minute des présentés; Pierre Savart.

Au-dessous est encore écrit ce qui suit :

Je soussigné, Juré en charge, & Juré-Comptable de la Communauté des maitres Tourneurs de cette ville, reconnois que le registre des délibérations de ladite Communauté qui avoit été déposé au Greffe de la police, m'a été rémis cejourd'hui par Me Sifflet de Berville, Greffier, dont je le quitte & décharge, ce 27 janvier 1766. *Signé*, Caillou, en la minute.

Et enfin, *au-dessous est écrit* : Et le 14 février 1766, Pierre Savart a été fait entrer dans la Chambre du Conseil de police, où étant nud tête, lecture lui a été faite du jugement, & ensuite M. le Président de la Chambre lui a dit : que la Chambre l'avoit mandé & fait entrer pour, en présence des juges, être admonété, & défenses lui ont été faites de récidiver, ſous plus grande peine ; & enſuite a été fait ſortir, dont & de quoi nous ſouſſigné, Greffier, avons dreſſé le préſent acte, les jour & an que deſſus, & avons ſigné ainſi. *Signé*, Sifflet de Berville, en cet endroit de la minute des préſentes.

Délivré par nous Greffier de la Chambre de police du Châtelet de Paris, pour copie conforme à la minute, étant en nos mains, ce 14 février 1766. SIFFLET DE BERVILLE.

ARREST

DE LA COUR DE PARLEMENT,

Qui confirme la Sentence du Châtelet rendue ſur la délibération de la Communauté des maîtres Tourneurs de la Ville & Fauxbourgs de Paris; Ordonne à tous les maîtres & veuves de lad. Communauté de marquer leurs ouvrages & marchandiſes, non-ſeulement de la marque de leurs noms, mais encore de la marque générale qui leur ſera indiquée par les Jurés, &c.

Du 9 Janvier 1766.

LOUIS par la grace de Dieu, Roi de France & de Navarre, au premier Huiſſier de notre Cour de Parlement, ou autre Huiſſier ou Sergent ſur ce requis ; Sçavoir faiſons que, vu par notredite Cour la Requête préſentée par les Jurés en charge de la Communauté des maîtres & marchands Tourneurs à Paris, à ce que pour les caufes y contenues, il plût à notredite Cour ordonner que la Sentence de la Chambre de Police du Châtelet de Paris, du 20 décembre 1765, tendue sur les conclusions du Substitut de notre Procureur-Général du Châtelet, sera exécutée, &, en tant que besoin est ou seroit homologuée, ainsi que la délibération dudit jour 22 janvier 1763; en conséquence permettre aux suppliants de les faire, avec l'Arrêt à intervenir, imprimer, publier & afficher par-tout où besoin sera, en la maniere accoutumée, & le tout transcrit sur les registres de la Communauté, les frais de laquelle homologation, impression & affiches seront passés dans le compte des supplians, vu les piéces attachées à ladite requête, signée Bruere, Procureur, *suit la teneur de ladite Sentence.*

A tous ceux qui ces présentes lettres verront, Alexandre de Ségur, Chevalier, Seigneur de Franc, Baigle, S. Eujan, la Tour, la Fitte, Pauliac, Taste, Queyrac, & autres lieux, Conseiller du Roi en ses Conseils, Prévôt de Paris. SALUT. Sçavoir faisons, que vû par Nous Antoine-Raymond-Jean-Gualbert-Gabriel de Sartine, Chevalier, Conseiller du Roi en ses Conseils,

Maître des Requêtes ordinaire de son Hôtel, Lieutenant-Général de Police de la Ville, Prévôté, Vicomté & Banlieue de Paris, copie collationnée par Lagrenée & Dubarte, Notaire au Châtelet de Paris, de la délibération faite par la Commun. des maîtres Tourneurs à Paris, assemblée en la maniere accoutumée, de notre Ordonnance le 22 janv. 1753, controlée à Paris le 25 nov. dernier, par Langlois, expositive qu'il seroit interessant de prendre un parti sur ce qui concerne les compagnons ouvriers de leur profession, pour éviter les cabales, qui ne sont que trop fréquentes, même pour mettre les maîtres en état de pouvoir servir exactement le public, comme aussi pour empêcher les fraudes & les abus qui se commettent dans la vente des ouvrages & marchandises de ladite profession, de déterminer une marque invariable, de laquelle tous lesdits ouvrages seront marqués.

Sur quoi la matiere mise en délibération, tous les maîtres assemblés ont été unanimement d'avis que défenses seroint faites à tous les compagnons, ouvriers & ouvrieres de lad. profession des maîtres Tourneurs de s'assembler dans les cabarets ou ailleurs, dans un nombre plus fort que celui de quatre, & de former des attroupemens & cabales, en quelque ſorte & maniere que ce fut ou pût être, ſous peine de priſon, que leſdits compagnons, ouvriers & ouvrieres arrivant en cette ville, ſeront tenus de faire déclaration au bureau de ladite Communauté, de leurs noms, ſurnoms, âge, & du pays de leur naiſſance, & même du nom du maître chez lequel ils ſe ſeront arrêtés, dont du tout ſeroit tenu regiſtre exact par le clerc de lad. Communauté, lequel regiſtre ſera arrêté tous les quinze jours par les Jurés comptables en charge de ladite Communauté, à peine de répondre en leurs propres & privés noms, de tous les événemens qui pourroient ſurvenir à ce ſujet, qu'il ſeroit fait défenſes auxdits compagnons, ouvriers & ouvrieres de quitter les maîtres & veuves chez leſquels ils travaillent, ſans les avoir avertis aumoins huitaine auparavant, ſous peine de perdre ce qui pourroit leur être dû pour leur travail, & de priſon en cas de récidive. Que défenſes ſeroient faites à tous & un chacun des maîtres & veuves de lad. Communauté, de recevoir chez eux directement ni indirectement aucuns compagnons, ouvriers & ouvrieres qu'au préalable ces derniers ne leur ayent repréſenté le certificat de bonne conduite, du maître ou maîtreſſe chez qui ils auroient travaillé, ſous peine contre leſdits maîtres ou veuves de 50 liv. d'amende, dont moitié applicable au profit de l'Hôpital-Général de cette Ville, & l'autre moitié au profit de ladite Communauté, ſans que, ſous prétexte du payement de lad. amende, les maîtres ou veuves puiſſent ſe ſervir en aucune maniere deſd. compagnons, ouvriers & ouvrieres, qu'ils ſeroient tenus de renvoyer ſous plus grandes peines, & notamment ſous peine de déſobéiſſance à Juſtice, & d'être privés de l'entrée au bureau pendant quatre ans, même de payer une double amende en cas de récidive, applicable comme deſſus; que pour éviter à cet égard toutes ſurpriſes, les compagnons, ouvriers & ouvrieres ſeroient tenus au moment de leur ſortie de chez leſdits maîtres ou veuves, & avant leur entrée chez d'autres, d'en faire déclatation aud. bureau, laquelle ſeroit tranſcrite ſur ledit regiſtre par le clerc de ladite Communauté; que leſdits maîtres & veuves qui refuſeroient de donner auxd. compagnons, ouvriers & ouvrieres le certificat de bonne

bonne conduite ci-dessus mentionné, seroient tenus de dire, à la premiere requisition qui leur en seroit faite, les raisons de leur refus, à moins que pour causes à eux connues, ils n'aiment mieux faire leurs déclarations par écrit à ce sujet, entre les mains desdits Jurés Comptables, qui, s'ils en sont requis, nous en rendront bon & fidele compte, pour être par nous statué sommairement à ce sujet, ainsi que nous aviseront en notre Hôtel sans autres contestations, que pour empêcher les fraudes qui se commettent journellement dans la fabrication, vente & débit des marchandises de leur profession, tous les maîtres & veuves de leur Communauté doivent marquer leurs ouvrages & marchandises, non-seulement de la marque de leurs noms, mais encore de la marque générale, qui leur sera indiquée par les Jurés aussitôt après l'homologation des présentes, sous peine de 50 liv. d'amende, applicable comme dessus, & de confiscation, au profit de ladite Communauté, des marchandises & ouvrages qui ne seroient pas marqués desd. deux marques, & pour l'homologation de ladite délibération tant par nous qu'au Parlement, lesdits

Jurés ſont & demeurent autoriſés, auxquels il ſera tenu compte des frais, faux-frais qu'ils feront à ce ſujet, ſur les quittances & certificats qu'ils rapporteront, & attendu que le regiſtre des délibérations eſt engagé dans un procès, auroit été arrêté que ces préſentes ſeront inſcrites ſur le regiſtre des délibérations; la requête à nous préſentée par les Jurés de préſent en charge de ladite Communauté des maîtres Tourneurs, à fin d'homologation de lad. délibération, pour être exécutée ſelon ſa forme & teneur, & permiſſion de faire imprimer, publier & afficher notre préſente Sentence, même inſcrite ſur le regiſtre des délibérations de ladite Communauté, & d'en envoyer un exemplaire à tous les maîtres de lad. Communauté; ladite requête ſignée Cornifſet, Procureur au Châtelet, notre Ordonnance de ſoit-montré au Procureur du Roi, en date du 30 novembre dernier; les concluſions portant conſentement à l'homologation de ladite délibération du 5 du préſent mois de décemb. Tout vû & conſidéré. Nous du conſentement du Procureur du Roi, avons ladite délibération ſuſdatée homologué & homologons pour être exécutée ſelon ſa forme & teneur ; ce qui ſera exécuté nonobſtant toutes oppoſitions ou appellations quelconques, & ſans y préjudicier, & ſera notre préſente Sentence à la requête des Jurés de préſent en charge, lue, publiée & affichée par-tout où beſoin ſera, même inſcrite ſur le regiſtre des délibérations de ladite Communauté, & copie de notredite Sentence envoyée à tous les maîtres de ladite Communauté, le tout à ſes frais & dépens ; en témoin de ce nous avons fait ſceller ces préſentes, données par nous Juges ſuſdits, le 20 déc. 1765. Collationné, Legras : ſigné Jardin, ſcellé le 24 décembre 1765, reçu trente deux ſols ſix deniers, ſigné J. Chenet. Concluſions de notre Procureur-Général, oui le rapport de Me Claude Tudert, Conſeiller, tout conſidéré. Notredite Cour a homologué & homologue les délibération & Sentence ſuſdatées, pour être exécutées ſelon leur forme & teneur; permet aux Suppliąns de les faire, avec le préſent Arrêt, imprimer, publier & afficher par-tout où beſoin ſera, en la maniere accoutumée, & le tout tranſcrit ſur le regiſtre de la Communauté, les frais de laquelle homologation, impreſſion & affiches ſeront portés dans les comptes des Supplians. Si mandons mettre le présent Arrêt à exécution, selon sa forme & teneur. Donné en notredite Cour de Parlement, le 9 janvier l'an de grace 1766, & de notre Regne le cinquante-uniéme. Collat. REGNAULT. Par la Chambre DUFRANC.

SENTENCE DE POLICE,

Rendue contradictoirement en faveur de la Communauté des maîtres Tourneurs; Contre les sieurs Bonnin & Feldier, maîtres de ladite Communauté; qui ordonne l'exécution des Statuts & Réglemens d'icelle, leur fait défenses de faire aucune cabale, & pour l'avoir fait & avoir formé opposition à la réception de deux maîtres, les condamne en chacun 50 liv. d'amende & aux dépens.

Du 10 Janvier 1766.

A TOUS ceux qui ces présentes Lettres verront, Aléxandre de Ségur, Chevalier, Seigneur de Franc, & autres lieux, Conseiller du Roi en ses Conseils, Prévôt de Paris : SALUT. Sçavoir faisons, que sur la requête faite en jugement devant Nous, à l'audience de la Chambre de Police du Châtelet de Paris, par Me Louis Cornisset, Procureur des sieurs Jurés de présent en charge de la Communauté des maîtres Tourneurs de la ville, fauxbourgs &

banlieue de Paris , demandeurs aux fins de l'exploit du 19 décemb. dernier, contrôlé le 20 & présenté au Greffe par Me Chantepie , le 7 de ce mois , défendeurs aux fins de non-recevoir du 23 & 30 dud. mois de décemb. dernier, contrôlé le 20 , & présenté au Greffe par Me Chantepie , le 7 de ce mois; défendeurs aux fins de non-recevoir, du 23 & 30 dudit mois de décembre, suivant ses lectures des 30 & 31 du même mois , le tout tendant aux fins y portées avec dépens. Contre Me Lemasson , Procureur du sieur Jacques Bonnin , maître Tourneur à Paris , défendeur : & encore entre Me Lemasson, Procureur dudit sieur Edme Feldier , aussi maître Tourneur à Paris , défendeur : Parties ouies , sans que les qualités puissent nuire n'y préjudicier : Nous avons l'expédition reçue ; en conséquence lesdits Statuts & Réglemens de ladite Communauté desdits maîtres Tourneurs , & notamment notre Sentence de réglement du 17 août 1764 , seront exécutés selon leur forme & teneur : en conséquence faisons défenses aux parties de Lemasson & à tous autres , de causer aucun trouble , & de causer ni former aucune cabale dans ladite Communauté, & pour l'avoir fait le 25 novembre dernier, & avoir duement formé opposition le même jour à la réception de deux maîtres, les condamnons chacun en l'amende de 50 liv. portée par les réglemens, leur faisons défenses de récidiver sous les peines y portées ; les condamnons chacun à leur égard aux dépens : & sera notre présente Sentence inscrite à leurs frais, sur le registre des délibérations de lad. Communauté, exécutée nonobstant & sans préjudice de l'appel. En temoin de ce, Nous avons fait sceller ces présentes : données par M. le Lieutenant-Général de Police, au Châtelet de Paris, tenant le siége le vendredi 10 janvier 1766. FOURNIER.

SENTENCE DE POLICE,

Rendue en faveur de la Communauté des maîtres Tourneurs : Contre le sieur Nicolas-Joseph Charpentier, maître de ladite Communauté ; qui ordonne l'exécution des Statuts & Réglemens de ladite Communauté, & que tous les maîtres d'icelle seront tenus de se trouver aux assemblées que seront convoquées, sinon que l'amende de 4 liv. demeurera contre eux encourue. Du 24 Janvier 1766.

A TOUS ceux qui ces présentes Lettres verront, Aléxandre de

Ségur, Chevalier, Seigneur de Franc, & autres lieux, Conſeiller du Roi en tous ſes Conſeils, Prévôt de Paris : SALUT. Sçavoir faiſons, que ſur la requête faite en jugement devant Nous, à l'Audience de la Chambre de Police du Châtelet de Paris, par Me Cornisset, Procureur des Jurés en charge de la Communauté des maîtres Tourneurs de la ville de Paris, demandeurs aux fins de l'exploit du 23 mars de l'année derniere, contrôlé le 30, & préſenté par Me Chous le 12 ſeptembre; & défendeurs aux écritures du 28 novemb. ſuivant, celles du 2 décembre, & le tout tendant aux fins y portées avec dépens, aſſiſté de Me Thorel, leur Avocat: contre Me Bardin, Procureur du ſieur Nicolas-Joſeph Charpentier, maître Tourneur à Paris, défendeur: Parties ouies ſans que les qualités puiſſent nuire n'y préjudicier : Nous recevons la partie de Coſtard oppoſante à notre précédente Sentence au principal: diſons que les Statuts, Arrêts & Réglemens de la Communauté des maîtres Tourneurs ſeront exécutés ſelon leur forme & teneur; en conſéquence que tous un chacun deſd. maîtres de ladite Communauté ſeront tenus de ſe trouver aux aſſemblées qui ſeront convoquées de notre Ordonnance & de celle du Procureur du Roi, ſinon que l'amende de 4 liv. applicable au profit de lad. Communauté, demeurera encourue contre eux ; & néanmoins par grace & ſans tirer à conſéquence, pour cette fois ſeulement, avons lad. partie de Coſtard, déchargée de l'amende prononcée contre elle, tous dépens compenſés ; que les parties de Thorel employeront en frais de jurande ; & ſera notre préſente Sentence, à la diligence des Jurés de lad. Communauté, inſcrite ſur le regiſtre des délibérations, & lue au bureau par l'Huiſſier de lad. Communauté, le premier jour d'aſſemblée : ce qui ſera exécuté nonobſtant & ſans préjudice de l'appel, & ſoit ſignifié. En témoin de ce, Nous avons fait ſceller ces préſentes, faites & jugé par M. le Lieutenant-Général de Police, tenant le ſiége le vendredi 24 janvier 1766. FOURNIER.

SENTENCE DE POLICE,

En faveur de la Communauté des maitres Tourneurs de Paris.

Qui fait défenses au nommé Jean Boucher, Tourneur sans qualité, & marchand Forain, de plus à l'avenir entreposer des marchandises de la profession des maîtres Tourneurs; & pour l'avoir fait, le condamne en 100 liv. de dommages & intérêts au profit de ladite Communauté.

Du 28 Novembre 1766.

A TOUS ceux qui ces présentes lettres verront, Anne-Gabriel-Henri-Bernard, Chevalier, Seigneur de Boullainvilliers & autres lieux, Conseilier du Roi en ses Conseils, Prévôt de Paris. SALUT. Sçavoir faisons, que sur la requête faite en jugement devant Nous à l'Audience de la Chambre de Police du Châtelet de Paris, par Me Louis Cornisset, Procureur des sieurs Jurés de présent en charge de la Communauté des maîtres & marchands Tourneurs de la ville, fauxbourgs & banlieue de Paris, saisissans sur le ci-après nommé suivant les procès-verbaux des 13 & 14 octobre de l'année derniere, & demandeurs aux fins de la requête verbale du 31 du même mois, défendeurs aux écritures du 28 nov. suivant celles du 4 décemb. de la même année, & encore défendeurs aux écritures du 7, & à la requête verbale du 12, suivant ses fins de non-recevoir & moyens du 16 du même mois, & demandeurs en exécution de notre Sentence du 31 janvier dernier, qui ordonne un délibéré; le tout tendante aux fins y portées avec dépens: contre Me de Saunieres, Procureur du nommé Jean Boucher, Tourneur sans qualité, & marchand forain, demeurant ci-devant à Remicourt, près Clermont en Argonne, actuellement en la ville de Verdun partie saisie, défendeur & demandeur; parties ouies, sans que les qualités puissent nuire ni préjudicier; Nous, après avoir délibéré sur les pieces & dossiers des parties, disons, que les Statuts, Arrêts & Réglemens des parties de Cornisset, seront exécutés selon leur forme & teneur; en conséquence déclarons bonne & valable la saisie faite par lesdites parties de Cornisset, sur celle de de Saunieres, les 13 & 14 octobre 1765, des marchandises concernant la profession des maîtres Tourneurs dont est question, & néanmoins par grace & ſans tirer à conſéquence la remiſe qui en a été faite à lad. partie de de Saunieres en vertu de notre Ordonnance proviſoire, lui demeurera définitive, faiſons déſenſes à la partie de de Saunieres de récidiver & de plus à l'avenir entrepoſer des marchandiſes, & pour l'avoir fait la condamnons en 100 liv. de dommages-intérêts envers les parties de Corniſſet, qu'elles pourront retenir ſur la ſomme dépoſée entre leurs mains; condamnons pareillement ladite partie de de Saunieres en tous les dépens. Permettons aux parties de Corniſſet de faire imprimer & afficher notre préſente Sentence juſqu'à concurrence de cent exemplaires aux frais & dépens de la partie de de Saunieres; ce qui ſera exécuté nonobſtant & ſans préjudice de l'appel; & ſoit ſignifié; en témoin de quoi Nous avons fait ſceller ces préſentes qui furent faites & données par M. le Lieutenant-Général de Police au Châtelet de Paris, tenant le ſiége le vendredi 28 nov. 1766. *Signé*, JARDIN.

Scellé & contrôlé, Collationné,

MORISSET.

SENTENCE DE POLICE,

En faveur de la Communauté des maîtres Tourneurs de Paris.

Qui déclare bonne & valable la ſaiſie faite ſur le nommé Jean Cauſin, Tourneur ſans qualité, & marchand forain, & adjuge les marchandiſes ſaiſies au profit de ladite Communauté, avec dépens.

Du 5 Décembre 1766.

A TOUS ceux qui ces préſentes Lettres verront, Anne-Gabriel-Henri-Bernard de Boullainvilliers, Chevalier, Seigneur de Paſſy & autres lieux, Prévôt de Paris. SALUT : Sçavoir faiſons, que ſur la requête faite en jugement devant Nous à l'audience de la Chambre de Police du Châtelet de Paris, par Me Louis Cornifſet, Procureur des Jurés de préſent en charge de la Communauté des maîtres & marchands Tourneurs de la ville & fauxbourgs de Paris, ſaiſiſſans ſur le ci-après nommé, la quantité de cent cinquante-neuf rouets à filer, par lui entrepoſés en partie dans la maiſon du ſieur Cheron, maître Perruquier, rue S. Jacques, ſuivant le procès-verbal de de Me Rolland, Commissaire en cette Cour, du 17 octobre dernier, & celui fait par Poisson, Huissier à verge en cette Cour, le même jour duement contrôlés; défendeurs aux fins de l'exploit du 8, fait par le Faucheur, Huissier à cheval en cettedite Cour, contrôlé le 10 & présenté le 25 par Me Magny, en exécution de l'Ordonnance de M. le Lieutenant-Général de Police du 25 duement scellée, & aux fins de la requête verbale du 28 du même mois; défendeurs à celle du 7 novemb. dernier, suivant leurs fins de non-recevoir & moyens du 10: défendeurs aux écritures du 13 & opposans à l'exécution de notre Sentence du 14: demandeurs aux fins de la requête verbale du 22: défendeurs aux écritures du 24, suivant leurs moyens du 25 dudit mois de novembre; le tout tendant aux fins y portées, avec dommages, intérêts & dépens, assistés de Me Thorel, leur Avocat; Contre Me Parvy, Procureur du sieur Jean Causin, Tourneur sans qualité, & marchand forain à Morvilliers, en Lorraine, partie saisie, défendeur & demandeur, assisté de Me Desmoulins, son Avocat; Parties ouies, sans que les qualités puiſſent nuire ni préjudicier , Nous recevons les parties de Thorel oppoſantes à l'exécution de notre Sentence du 14 novembre dernier ; au principal diſons que le Statuts , Sentences , Arrêts & Réglemens de la Communauté des maîtres Tourneurs de cette ville ſeront exécutés ſelon leur forme & teneur ; en conſéquence déclarons bonne & valable la ſaiſie faite à la requête des parties de Thorel ſur celle de Deſmoulins , par procès-verbal du 7 octobre dernier : diſons, que les marchandiſes ſaiſies par ledit procès-verbal , quant à celles qui ſont loyales & marchandes, ſeront vendues & loties au bureau de ladite Communauté entre les maîtres d'icelle, & les défectueuſes brûlées; le tiers du prix deſd. marchandiſes confiſqué au profit de lad. Communauté , & les deux autres tiers remis par grace à la partie de Deſmoulins que nous condamnons aux dépens. Et ſera notre préſente Sentence imprimée & affichée aux frais de lad. partie de Deſmoulins; ce qui ſera exécuté nonobſtant & ſans préjudice de l'appel , & ſoit ſignifié. En témoin de ce , Nous avons fait ſceller ces préſentes , jugées par M. le Lieutenant - Général de Police , au

Châtelet de Paris, y tenant le siége le vendredi 5 décembre 1766.

Signé, JARDIN. Scellé & contrôlé. Collationné. SIFFLET DE BERVILLE.

SENTENCE DE POLICE.

Rendue au profit de Jean Dubray, garçon marchand Mercier à Paris, & du nommé Migeon, maître Tourneur à Paris;

Contre les Jurés en charge de la Communauté des maîtres Fondeurs de Paris, & Pierre Loyer, aussi maître Fondeur, demeurant à Paris:

Qui fait main-levée d'une saisie faite par les Jurés Fondeurs, sur ledit Migeon, fait défenses audit Loyer, d'user des voies mentionnées en la plainte dudit Dubray, & condamne ledit Loyer, solidairement avec lesdits Jurés Fondeurs, en 200 l. de dommages & intérêts, & aux dépens.

Du 13 Juin 1766.

A TOUS ceux qui ces présentes Lettres verront; Alexandre de Segur, Chevalier, Seigneur de Fresne, Conseiller du Roi en tous ses Conseils, Prévôt de Paris; SALUT, Sçavoir faisons: que sur la requête faite en jugement devant Nous, à la Chambre de Police du Châtelet de Paris, par Me de Quevauvilliers, Procureur de Jean

Dubray, garçon-marchand Mercier à Paris, plaignant ſuivant la plainte par lui rendue à Me Ferrand, Commiſſaire en cette Cour, contre le nommé Loyer, ci-après qualifié, le 2 ſept. dernier, défendeur à l'exploit fait par Bailly le 3 dudit mois de ſeptembre, dûement contrôlé, & préſenté le 12 du préſent mois par Regnard; tendante à fin de reddition & remiſe de deux treingles de cuivre, pour ſervir à des pompes, que le demandeur avoit chargé le défendeur de faire tourner, & autres fins y portées: contre Me Petit, jeune, Procureur du nommé Loyer, maître Fondeur à Paris, demandeur aux fins dudit exploit, & contre ledit Dubray, demandeur en ſommation & dénonciation, ſuivant l'exploit fait par Daniel, Huiſſier, le 4 ſeptembre dernier, contrôlé le 7 par Berjon, & préſenté le 12 de ce mois par Regnard, tendant à fins d'intervention, garantie & indemnité, & autres fins y portées, avec dépens, défendeur aux écritures & défenſes du 7 dud. mois de ſeptembre, ſuivant ſes écritures & moyens du 9 du même mois, le tout tendant aux fins y portées; contre Me Corniſſet, Procureur du nommé Migeon, maître Tourneur à Paris, défendeur, & contre ledit Dubray, demandeur aux fins de ſa requête verbale du 3 octobre dernier, tendante à fins de réparation d'honneur, défenſes de récidiver, 1000 liv, de dommages & intérêts, impreſſion, publication & affiches de la Sentence à intervenir, & autres fins y portées; & défendeur aux écritures & défenſes du 4 novembre dernier, ſuivant ſes écritures & moyens du 28 du même mois; & encore défendeur aux écritures du 7 décembre auſſi dernier, le tout tendant aux fins y portées; aſſiſté de Me Cornil Avocat; contre Me Petit, jeune, Procureur dudit Loyer, maître Fondeur à Paris, demandeur aux requête verbale & écritures ſuſdatées, aſſiſté de Me Damiens, ſon Avocat; & contre Me Corniſſet, Procureur dudit Migeon, maître Tourneur à Paris, défendeur à ladite requête verbale ſuſdatée, aſſiſté de Me Thorel, ſon Avocat: & encore ledit ſieur Migeon, demandeur aux fins de l'exploit du 5 octobre dernier, fait par Poiret, Huiſſier, contrôlé le 7 par Sanſon, & préſenté le 14 de ce mois par Regnard, tendant à fin de dénonciation de demandes contre lui formées à la requête des Jurés Fondeurs & du ſieur Dubray, par exploits des 31 août & 4 septembre dernier, & autres fins y portées, défendeur aux écritures dudit Loyer, du 14 novembre dernier, suivant ses réponses du 15 dud. mois, à celle du 19, assisté de Me Thorel, Avocat, contre Me Petit, jeune, Procureur dudit sieur Loyer, maître Fondeur, défendeur, assisté de Me Damiens, Avocat: & encore ledit Migeon, partie saisie, défendeur à la demande en validité de la saisie sur lui faite par procès verbal, du 31 août, fait par Bailly, Huissier; & aux fins de la requête verbale du 17 octobre dernier, défendeur aux écritures des Jurés Fondeurs du 14 novembre dernier, suivant ses réponses du 15 & défendeur aux écritures du 19 dudit mois de nov., assisté de Me Thorel, Avocat; contre Me Petit, jeune, Procureur des Jurés en charge de la Communauté des maîtres Fondeurs à Paris, ayant par ledit procès-verbal du 31 août dernier, en vertu de notre Ordonnance du 10 dud. mois, & en présence de Me Bourgeois, Commissaire, fait saisir sur ledit Migeon deux tringles de cuivre qu'il tournoit, & environ un quarteron de limaille, demandeur en validité de lad. saisie, suivant l'assignation portée par ledit procès-verbal de ſaiſie, duement contrôlé & préſenté le 3 par Chous, défendeur aux requête verbale & écritures ſuſdatées, ſuivant leurs fins de non-recevoir, défenſes & réponſes auſſi ſuſdatées, aſſiſté de Me Damiens, leur Avocat : Parties ouies, enſemble noble homme M. Me de la Porte du Meſlay, Avocat du Roi ; Nous faiſons main-levée de la ſaiſie dont il s'agit : en conſéquence, diſons que les deux tringles de cuivre ſaiſies, ſeront rendues au nommé Loyer, l'une des parties de Damiens ; & les outils auſſi ſaiſis, ſeront pareillement rendus à la partie de Thorel ; à ce faire tous gardiens & dépoſitaires contraints ; ce faiſant, déchargés : déclarons ledit Loyer non-recevable en ſa demande contre la partie de Cornil ; en conſéquence, ſur la demande en garantie de la partie de Cornil contre celle de Thorel, mettons les parties hors de Cour : faiſant droit ſur les demandes des parties de Cornil & de Thorel contre celle de Damiens, faiſons défenſes à Loyer, l'une des parties de Damiens, d'uſer des voies mentionnées en la plainte de la partie de Cornil ; condamnons ledit Loyer ſolidairement avec les Jurés Fondeurs, autres parties de Damiens, en 200 liv. de dommages & intérêts envers les parties de Cornil & de Thorel, & en tous les dépens, même en ceux faits entre lesdites parties de Cornil & de Thorel, lesquels néanmoins les Jurés Fondeurs ne pourront comprendre dans leur compte. Et sera notre présente imprimée, publiée & affichée, au nombre de 50 exemplaires, aux frais desdites parties de Damiens : ce qui sera exécuté nonobstant & sans préjudice de l'appel, & soit signifié. En témoin de quoi, Nous avons fait sceller ces présentes, faites & jugées par M. le Lieutenant-Général de Police, tenant le siége le vendredi 13 juillet 1766. Collationné, de Berville ; *signé*, Jardin. Scellé le 5 juillet 1766; *signé*, Rheims. Contrôlé le 5 juillet 1766; *signé*, Jardin. Et signifié à Mes Petit, jeune, & Cornisset, Procureurs, à domicile, le 5 juillet 1766; *signé*, Echucdoy.

ARREST
DE LA COUR DE PARLEMENT,

Confirmatif de la Sentence ci-dessus.

Du 24 Octobre 1766.

LOUIS, par la grace de Dieu, Roi de France & de Navarre : Au premier Huissier de notre Cour de Parlement, ou autre Huissier ou Sergent sur ce requis, sçavoir faisons : qu'entre les Jurés en charge de la Communauté des maîtres Fondeurs de Paris, & Pierre Loyer, aussi maître Fondeur, appellans de Sentence du Lieutenant-Général de Police de Paris, du 13 juin 1766, suivant l'Arrêt de notredite requête & exploit du 14 juin dernier, d'une part ; Jean Dubray, garçon marchand Mercier à Paris, & le nommé Migeon, maître Tourneur à Paris, intimés, d'autre part : & entre lesd. Jurés Fondeurs & ledit Loyer, demandeurs en requête du 22 juillet dernier, tendante à ce que l'appellation & ce dont est appel, fussent mis au néant, il fût ordonné que les Statuts & Réglemens des maîtres Fondeurs seroient exécutés ſelon leur forme & teneur ; en conſéquence que leſdits Fondeurs fuſſent maintenus & gardés dans le droit & poſſeſſion où ils ſont, & ont toujours été, de travailler ſeuls & privativement à tous autres, aux ouvrages de cuivre, airain & laiton ; ce faiſant, que la ſaiſie par eux faite ſur ledit Migeon, fût déclarée bonne & valable ; il fût ordonné que les choſes ſaiſies par les Jurés Fondeurs ſur led. Migeon, par procès-verbal du 31 août 1765, feroient & demeureroient acquiſes & confiſquées au profit de ladite Communauté; il fût fait défenſes, tant aud. Migeon qu'à tous autres, de plus à l'avenir entreprendre ſur la profeſſion de Fondeur ; & pour l'avoir fait, il fût condamné en 500 liv. de dommages & intérêts envers ladite Communauté, & en l'amende portée par leurs Réglemens ; comme auſſi à ce qu'il fût ordonné que ledit Dubray feroit tenu de rendre & remettre audit Loyer les deux tringles de cuivre pour ſervir à des pompes, que ledit Loyer lui avoit confiées, pour les faire tourner par des ouvriers de la connoiſſance dudit Dubray, aux offres que ledit Loyer avoit ci-devant faites, & qu'il réitéroit, de payer audit Dubray ce qu'il justifieroit avoir déboursé pour avoir fait tourner lesd. deux tringles, sinon que led. Dubray fût condamné au payement de la somme de 30 livres pour la valeur desdites deux tringles, avec intérêts; & que lesdits Dubray & Migeon fussent déclarés non-recevables dans leurs demande & plaintes formées en cause principale contre lesd. Jurés Fondeurs & ledit Loyer; ou en tout cas ils en fussent déboutés, & condamnés en tels dommages-intérêts envers ledit Loyer, qu'il plairoit à la Cour fixer, résultans de la fausse & calomnieuse accusation portée par la plainte dud. Dubray du 2 septembre 1765; & lesdits Dubray & Migeon fussent condamnés en tous les dépens, tant des causes principales, que d'appel & demandes; & il fût ordonné que l'Arrêt à intervenir, seroit imprimé & affiché par-tout où besoin seroit, aux frais & dépens desd. Dubray & Migeon, d'une part, lesd. Dubray & Migeon, défendeurs, d'autre part; & entre ledit Migeon, maître Tourneur à Paris, demandeur aux fins de ses commission & exploit, des 9 & 10 juillet dernier, d'une part; & ledit Dubray, défendeur, d'autre part; &

entre ledit Migeon, demandeur en requête du 2 octobre présent mois, tendante à ce qu'il lui fût donné acte de ce que, pour fins de non-recevoir, & défence aux requêtes & demandes, tant des Jurés Fondeurs, de Loyer, que de Dubray, il employoit le contenu en sa requête, il lui fût aussi donné acte de ce qu'il sommoit & dénoncoit audit Dubray, tant l'appel desdits Jurés Fondeurs & Loyer, que leur requête du 22 juillet dernier; ce faisant, que, sans s'arrêter à leursdites requêtes, dans lesquels ils seroient déclarés non-recevables, ou dont en tout cas ils seroient déboutés; & qu'en faisant droit sur l'appel desdits Jurés Fondeurs & de Loyer, de la Sentence de la Chambre de Police du Châtelet de Paris, du 13 juin dernier, l'appellation fût mise au néant; en conséquence, il fût ordonné que ce dont étoit appel, sortiroit son plein & entier effet; & lesdits Jurés Fondeurs & Loyer fussent condamnés en l'amende ordinaire de 12 livres, & que l'Arrêt qui interviendroit, fût déclaré commun avec ledit Dubray; & où, contre toute apparence, il interviendroit quelques condamnations contre led. Migeon, au profit des Fondeurs

deurs & de Loyer, ledit Dubray fût condamné à l'en acquitter, garantir & indemniſer ; & en tous événemens quelconques, celui deſdits Jurés Fondeurs, Loyer ou de Dubray, qui ſuccomberoit, fût condamné en tous les dépens envers ledit Migeon des cauſes principales, d'appels & demandes, tant en demandant, défendant, que des ſommations & dénonciations, d'une part ; & les Jurés Fondeurs, Loyer & ledit Dubray, défendeurs, d'autre part; & entre ledit Dubray, demandeur en requête du 29 août dernier, employée pour fins de non-recevoir, & en tant que de beſoin, pour défenſes aux demandes des Jurés Fondeurs & de Loyer, portées par leurs requêtes du 22 juillet dernier; & qu'il employoit encore pour plus amples défenſes aux demandes dudit Migeon, & tendante à ce que, ſans s'arrêter ni avoir égard à toutes leſdites demandes formées contre lui, tant par les Jurés Fondeurs, Loyer & Migeon; ces derniers ſeroient chacun à leur égard, déclarés non-recevables, ou en tout cas ils ſeroient déboutés ; & faiſant droit ſur l'appel interjetté vis-à-vis dudit Dubray par leſd. Jurés Fondeurs & Loyer, de la Sentence de

Police en queſtion , l'appellation fût miſe au néant; il fût ordonné que ce dont étoit appel , ſortiroit ſon plein & entier effet , & leſdits Jurés Fondeurs & Loyer fuſſent condamnés ſolidairement en l'amende ordinaire de 12 liv.; il fût donné acte audit Dubray de ce qu'aux riſques, périls & fortunes des Jurés Fondeurs & dudit Loyer, il ſommoit & dénonçoit audit Migeon l'appel interjetté vis-à-vis dudit Dubray par leſd. Jurés Fondeurs & Loyer de ladite Sentence dont eſt queſtion , enſemble les demandes qu'ils avoient formées contre lui ; en conſéquence , par leurdite requête du 22 juillet dernier , & les concluſions qu'il prenoit par ſa requête , au ſujet deſdits appel & demande , à ce que ledit Migeon n'en ignore , & eût à ſe joindre audit Dubray , pour faire confirmer ladite Sentence, & faire rejetter leſdites demandes, ſinon ou il interviendroit à tous égards quelques condamnations contre lui, au profit deſdits Jurés Fondeurs & de Loyer, ledit Migeon fût condamné à l'en acquitter , garantir & indemniſer, tant en principal intérêt , dommages & intérêts , que frais , dépens & miſes d'exécution; il lui fût pareillement donné acte de ce qu'aux risques, périls & fortunes de Migeon, il sommoit & dénonçoit auxdits Jurés Fondeurs & Loyer, les demandes dud. Migeon, portées par ses commissions & exploit, ensemble les défenses fournies par ledit Dubray contre les demandes dudit Migeon ; ainsi que les conclusions par lui ci-devant prises, relativement aux mêmes demandes, & de ce qu'il contresommoit auxdits Jurés Fondeurs & à Loyer leur propre appel de la Sentence dont étoit question, interjettée vis-à-vis de Migeon, aussi à ce que lesd. Jurés Fondeurs & Loyer n'en ignorent, & où il interviendroit pareillement à tous égards quelques condamnations au profit dudit Migeon à l'encontre dudit Dubray, lesd. Jurés Fondeurs & Loyer fussent condamnés à l'en acquitter, garantir & indemniser, tant en principal intérêt, que frais dépens & mises d'exécution ; il fût enfin donné acte dud. Dubray de ce qu'aux risques, périls & fortunes respectifs desdits Jurés Fondeurs, Loyer & Migeon, il leur contresommoit réciproquement leurs propres demandes & sadite requête chacun en ce qui les concernoit, à ce que les uns & les autres n'en ignorent;

& celui ou ceux des Jurés Fondeurs & Loyer ou de Migeon, qui ſuccomberoient, fuſſent condamnés aux dépens ſolidairement envers led. Dubray, tant des cauſes d'appel, demandes & défenſes, que des ſommations, dénonciations & contreſommations, d'une part; & leſd. Jurés Fondeurs led. Loyer & led. Migeon, défendeurs, d'autre part; & entre leſd. Jurés Fondeurs & led. Loyer, demandeurs en requête du 16 octobre préſent mois, employée en tant que de beſoin, pour fins de non-recevoir aux requêtes & demandes deſd. Dubray & Migeon, des 29 août dernier, & 2 oct. préſent mois; & tendante à ce que, ſans s'arrêter ni avoir égard auxd. requêtes & demandes, ils y fuſſent déclarés non-recevables, ou en tout cas déboutés; & les concluſions qu'ils avoient ci-devant priſes, leur fuſſent adjugées avec dépens, d'une part, & leſd. Migeon & Dubray, défendeurs, d'autre part; & encore entre led. Dubray, demandeur en requête du 21 octobre préſent mois, à fin d'oppoſition à l'Arrêt par défaut contre lui obtenu, le 7 octobre préſent mois, & autres fins y contenues avec dépens, d'une part, & ledit Migeon, défendeur, d'autre part, ſans que les qualités puiſſent nuire ni préjudicier ; après que Benoiſt, Avocat des Jurés Fondeurs & Loyer ; Breton, Avocat de Dubray ; & de la Borde, Avocat de Migeon, ont été ouis, enſemble Jolly de Fleury, Subſtitut de notre Procureur-Général.

Notre Chambre a mis & met l'appellation au néant ; ordonne que ce dont eſt appel, ſortira effet, condamne les Appellans en l'amende de 12 livres, & aux dépens des cauſes d'appel & demande envers toutes les parties. Si mandons mettre le préſent Arrêt à exécution, ſelon ſa forme & teneur, donné en notre Cour de Parlement en Vacation, le 24 octobre, l'an de grace 1766 ; & de notre regne le cinquante-deuxiéme Collat., JOLIMET. Par la Chambre. *Signé*, DUFRANC, & ſignifié à Me Bruere, & Me Audry, Procureurs, de la part de Me Perrot, Procureur du ſieur Dubray, le décembre 1766.

ORDONNANCE DE POLICE,

Concernant l'Etalage & le Colportage des marchandises.

Du premier Juin 1768.

SUR ce qui Nous a été remontré par le Procureur du Roi, que l'inexécution des Réglemens qui ont été faits pour le commerce de chacun des corps des marchands & Communautés d'arts & métiers dans cette ville, donne lieu à des abus très-criants, tant à l'intérêt desdits Corps & Communautés, qu'à celui de la Police, que les plaintes qui Nous ont été portées sur l'objet particulier des étalages & du colportage des marchandises par des personnes sans qualité, & les fraudes de ces Colporteurs, dont un nombre de particuliers ont été les dupes, exigent de notre part la plus grande attention; que le moyen qui lui paroît le plus propre à faire cesser ces abus, est de renouveller les dispositions des Réglemens qui ont été faits sur cette matiere de Police & d'administration publique, & d'enjoindre aux gardes des corps & marchands, aux

Syndics & Jurés des Communautés d'arts & métiers, & aux officiers de Police, chacun en ce qui peut les regarder, de tenir la main à leur exécution, & de Nous mettre à portée de prononcer contre les contrevenants, les peines que les contraventions exigeront : A CES CAUSES, il requiert qu'il y soit par nous pourvu. Nous, faisant droit sur le requisitoire du Procureur du Roi, ordonnons que les Statuts des corps des marchands & des Communautés d'arts & métiers, les Arrêts & Réglemens du Parlement, les Sentences & Ordonnances de Police, concernant l'étalage & le colportage des marchandises, seront exécutés selon leur forme & teneur, en censéquence:

ART. I. Faisons défenses à tous particuliers ; de quelque état qu'ils soient d'étaler & de vendre aucunes marchandises dans les rues, sur les Quais, sur les Ponts & sur les Places publiques, de cette ville & fauxbourgs, à peine de saisie, de confiscation des marchandises, & de 300 liv. d'amende pour chaque contravention.

II. Défendons pareillement, & sous les mêmes peines, à tous propriétaires, principaux - locataires, marchands &

autres, ayant des maiſons & boutiques en cette ville & fauxbourgs, de permettre ni ſouffrir qu'aucunes perſonnes n'étalent & vendent aucunes marchandiſes au-devant deſdites maiſons & boutiques, ſoit avec des comptoirs, échoppes ou autrement.

III. Ne pourront les marchands, Artiſans & autres perſonnes, de quelqu'état & condition qu'elles ſoient, colporter ou faire colporter les marchandiſes & autres objets dont ils font commerce, dans les rues de Paris, ou de maiſons en maiſons, à peines de ſaiſie deſdites marchandiſes, de confiſcation & de 300 livres d'amende pour chaque contravention; de laquelle amende les maîtres & maîtreſſes ſeront reſponſables pour leur garçons, apprentifs & domeſtiques: pourront même les gens ſans qualité être empriſonnés ſur le champ, & les gens ayant qualité, être privés de leur maîtriſe en cas de récidive.

IV. Les marchands & Artiſans, qu'on aura requis pour apporter ou faire apporter des marchandiſes en maiſons particulieres, ſeront tenus de les apporter eux-mêmes; & dans le cas où ils ne le pourront point, de les envoyer, & de faire accompagner ceux qui les apporteront, par leurs apprentifs, garçons, compagnons, ſerviteurs & domeſtiques demeurant chez eux, & étant à leurs gages auxquels ils donneront le mandat qu'ils auront reçu, ou l'adreſſe de ceux auxquels ils enverront leſdites marchandiſes; le tout à peine de 300 liv. d'amende, dont les maîtres ſeront civilement reſponſables.

V. Les particuliers ſur leſquels on ſaiſira des marchandiſes pour raiſon de colportages, ſeront tenus de déclarer leurs noms, qualités & demeures, à la premiere requiſition qui leur en ſera faite; & en cas de refus, ou qu'après leurs déclarations, il ſera conſtaté qu'ils en ont impoſé, ils pourront être envoyés en priſon par le Commiſſaire qui ſera préſent à la ſaiſie, lequel dreſſera procès-verbal de la ſaiſie & des cauſes de l'empriſonnement, ſur leſquels procès-verbaux de ſaiſie & contravention, il ſera enſuite par Nous prononcé telles peines qu'il appartiendra.

VI. Ne pourront les habitants de cette ville & fauxbourgs, de quelque qualité & condition qu'ils ſoient, favoriſer le colportage de quelque ſorte & maniere que ce puiſſe être, en donnant retraite aux colporteurs, en les recevant, ou leurs marchandiſes dans leurs maiſons, en s'oppoſant aux ſaiſies que les Gardes & Jurés voudront en faire, à peine de 500 livres d'amende, & de plus grande s'il y échet, dont les maîtres ſeront reſponſables pour leurs enfans, ſerviteurs & domeſtiques qui auroient favoriſé le colportage, & donné aſyle aux colporteurs : pourront même leſdits domeſtiques être emprisonnés ſur le champ, en cas de violence ou rébellion, de même que les colporteurs non domiciliés.

VII. Mandons aux Commiſſaires au Châtelet, & enjoignons aux Gardes des corps des marchands, aux Syndics & Jurés des Communautés d'arts & métiers, de tenir la main à l'exécution de notre préſente Ordonnance, en ce qui concerne ſeulement la police de leurs corps ou Communautés, & aux officiers & archers du Guet, archers de Robe-courte & autres officiers de police, de leur prêter main-forte, lorſqu'ils en ſeront requis. Et ſera notred. Ordonnance imprimée, lue, publiée & affichée dans cette ville & fauxbourgs, & par-tout ailleurs où beſoin ſera, même inſcrite ſur les regiſtres des délibérations des corps & Communautés, & affichée, tant dans l'intérieur qu'à la porte de leurs bureaux d'assemblée, à ce que personne n'en prétende cause d'ignorance. Ce fut fait & donné par Nous Antoine-Raymond-Jean-Gualbert-Gabriel de Sartine, Chevalier, Conseiller d'Etat, Lieutenant-Général de Police de la Ville, Prévôté & Vicomté de Paris, le premier juin 1768. DE SARTINE.

MOREAU.

SIFFLET DE BERVILLE, Greffier.

SENTENCE DE POLICE,

Qui ordonne l'exécution des Statuts & Réglemens de la Communauté des maîtres Tourneurs; en conséquence déclare la saisie faite sur le nommé Jacques Chartier, bonne & valable; que les marchandises bonnes & loyales seront confisquées au profit de ladite Communauté, & les défectueuses brûlées; lui fait défenses de récidiver; & pour avoir exposé en vente des marchandises non marquées & partie défectueuses, le condamne en 10 liv. d'amende envers le Roi, & en 20 liv. de dommages & intérêts envers ladite Communauté, & aux dépens.

Du 5 Février 1768.

A TOUS ceux qui ses présentes Lettres verront, Anne-Gabriel-Henry-Bernard, Chevalier, Marquis de Boullainvilliers, & autres lieux, Conseiller du Roi en ses Conseils, Prévôt de Paris; SALUT. Sçavoir faisons, que sur la requête faite en jugement devant Nous à l'Audience de la Chambre de Police du Châtelet de Paris, par Me Cornisset, Procureur des sieurs Jurés de présent en charge de la Communauté des maîtres Tourneurs de la ville & fauxb. de Paris, ayant fait saisir sur le ci-après nommé, par procès-verbal du du 23 janvier dernier, des marchandiſes de tournerie défectueuſes & non marquées, ainſi qu'elles doivent l'être aux termes de l'Arrêt de réglement du mois de janvier 1766 ; & demandeurs à fin de validité de ladite ſaiſie, avec confiſcation, dommages & intérêts, amendes & autres frais, ſuivant l'aſſignation du 25 dudit mois de janvier, faite par le Faucheur, Huiſſier à cheval en cette Cour ; contrôlé le 26 dudit mois par Bouvet ; préſenté & contrôlé le 29 par Me Boutin, défendeurs à la demande portée par les écritures dudit jour 29, & demandeurs ſuivant les moyens du premier de ce mois ; le tout tendant aux fins y contenues, avec dépens, contre Me Farmain, Procureur du nommé Chartier, maître Tourneur à Paris, partie ſaiſie, défendeur & demandeur. Nous diſons que les Statuts, Arrêts & Réglemens de la Communauté des maîtres Tourneurs, & notamment l'Arrêt de réglement du 9 janvier 1766, ſeront exécutés ſelon leur forme & teneur ; en conſéquence avons la ſaiſie des marchandiſes dont eſt queſtion déclarée bonne & valable : Diſons que les marchandiſes ſaiſies bonnes & loyales demeureront confiſquées au profit de lad. Communauté, & à l'égard des défectueuſes qu'elles ſeront brûlées, dont ſera dreſſé procès-verbal en la maniere accoutumée; faiſons défenſes au défaillant de récidiver, & pour avoir expoſé en vente des marchandiſes partie non marquées & partie défectueuſes, le condamnons en 10 liv. d'amende envers le Roi, & en 20 liv. de dommages-intérêts envers ladite Communauté: Diſons que notre Sentence ſera imprimée, publiée & affichée en cette ville & fauxbourgs de Paris, au nombre de cent exemplaires aux frais du défaillant, que Nous condamnons aux dépens; le tout ſans s'arrêter à ſa demande en nullité de ladite ſaiſie, dont l'avons débouté; ce qui ſera exécuté nonobſtant & ſans préjudice de l'appel; & ſoit ſignifié: En témoin de quoi, Nous avons fait ſceller ces préſentes, qui furent faites & données par M. le Lieutenant-Général de Police au Châtelet de Paris, tenant le ſiége, le vendredi 5 février 1768.

AUTRE SENTENCE,

Rendue pour le même sujet.

Du 23 Juin 1769.

A TOUS ceux qui ces présentes Lettres verront, Anne-Gabriel-Henry-Bernard, Chevalier, Marquis de Boullainvilliers, de Passy-lès-Paris & autres lieux, Conseiller du Roi en ses Conseils, Président honoraire en sa Cour de Parlement, Prévôt de la ville, Prévôté & Vicomté de Paris, & Conservateur des priviléges royaux de l'Université de la même ville : SALUT. Sçavoir faisons, que sur la requête faite en jugement devant Nous à l'audience de la Chambre de Police du Châtelet de Paris, par Me Louis Cornisset, Procureur des sieurs Jurés en charge de la Communauté des maîtres Tourneurs de la ville & fauxbourgs de Paris, ayant fait saisir sur le ci-après nommé, par procès-verbal du 23 janvier 1768, des marchandises de tournerie défectueuses & non marquées; ainsi qu'elles doivent l'être aux termes de l'Arrêt de réglement dudit mois de janvier 1766, demandeurs au principal en exécution de la Sentence du 5 février 1768, & aux fins des demandes y énoncées, défendeurs à la requête verbale d'opposition y formée le 12 dudit mois de février 1768, & aux fins des demandes & énoncées; défendeurs à la requête verbale du 19, suivant l'acte de protestation du 14 mars audit an; le tout tendant aux fins y portées, avec dépens, contre Me Roard, successeur à l'office & pratique de Me Farmain, & en cette qualité Procureur du nommé Jacques Chartier, maître Tourneur à Paris, partie saisie, défendeur, opposant & demandeur; parties ouies, sans que les qualités puissent nuire ni préjudicier; Nous, après avoir délibéré sur les piéces & dossiers des parties, déboutons celle de Jallot de son opposition à l'exécution de notre Sentence du 5 février 1768 : disons, qu'elle sera exécutée selon sa forme & teneur, avec dépens. Sur la nouvelle demande de la partie de Jallot, portée par sa requête du 19 dud. mois de février 1768, mettons les parties hors de Cour, sauf à lad. partie de Jallot de se pourvoir, si fait n'a été, contre le sieur Peuvrier, l'une des parties de Cornisset; ce qui ſera exécuté nonobſtant & ſans préjudice de l'appel : En témoin de quoi, Nous avons fait ſceller ces préſentes, qui furent faites & données par M. le Lieutenant-Général de Police au Châtelet de Paris, tenant le ſiége le vendredi 23 juin 1769.

ARREST

DU CONSEIL D'ÉTAT DU ROI;

Qui, conformément à l'Edit de décembre 1581, & au Privilége qu'ont tous les maîtres des Corps & Communautés d'arts & métiers de Paris, de pouvoir s'établir dans toutes les villes, bourgs & lieux du Royaume; maintient le ſieur Guillemot, reçu maître Coutelier à Paris, dans le droit d'exercer ledit métier en la ville de Thiers, en Auvergne.

Extrait des Regiſtres du Conſeil d'État.

Du 15 Octobre 1771.

VU par le Roi, en ſon Conſeil, l'Arrêt rendu en icelui le 11 ſeptembre 1770, ſur la requête y inſérée, préſentée par Antoine Guillemot, maître Coutelier de Paris, demeurant & établi en la ville de Thiers; & par les Jurés & Communauté des maîtres Couteliers de Paris : tendante à ce que pour les causes y contenues, il plût à Sa Majesté, évoquer l'assignation donnée audit Guillemot, le 20 août précédent, pour procéder par-devant le Juge de la Sénéchaussée de Thiers, y faisant droit, ordonne que ledit Guillemot pourroit exercer dans lad. ville, ainsi que dans les autres lieux & villes du Royaume que bon lui sembleroit, le métier de maître Coutelier, & y tenir boutique ouverte, sans être tenu de faire aucun chef-d'œuvre, ni payer aucun droit de réception; faire défenses tant aux Jurés, Visiteurs & Couteliers de Thiers, qu'à tous autres, de troubler ledit Guillemot dans ledit métier, & pour l'avoir fait, les condamnons en 300 liv. de dommages-intérêts, & aux frais & dépens de l'Arrêt à intervenir & à liquider par ledit Arrêt : par lequel Sa Majesté auroit évoqué à soi & à son Conseil lad. demande, & ordonné que sur icelle, circonstances & dépendances, les parties procéderoient audit Conseil suivant les derniers errémens; leur avoit fait défenses de procéder ailleurs, à peine de nullité, de 1000 l. d'amende, & de tous dépens, dommages & intérêts; & pour leur être fait droit, ordonné que lad. requête feroit communiquée auxdits Jurés Couteliers, pour y fournir de réponfes dans les délais du réglement, finon, & lefdits délais paffés, feroit, par Sa Majefté, fait droit ainfi qu'il appartiendroit. La commiffion délivrée fur ledit Arrêt, & fcellée du grand fceau le 24 octobre 1770. L'exploit de fignification dudit Arrêt aux nommés Claude Androdiat, Antoine Provenchere, Jean Mazaric, & Auguftin Mambrun, Gardes & Jurés Vifiteurs de la Communauté des maîtres de la ville de Thiers. Requête defd. Jurés, Gardes & Vifiteurs des maîtres Couteliers de la ville de Thiers, employée pour réponfes à celle inférée audit Arrêt du Confeil, & tendante à ce que fans s'arrêter ni avoir égard aux demandes, fins & conclufions dud. Guillemot, & defd. Jurés Couteliers de Paris, dont ils feroient déboutés, il foit ordonné que les Statuts & Réglemens concernant la coutellerie de la ville de Thiers de 1581, 1614 & 1743, feroient exécutés felon leur forme & teneur; en conféquence, que faute par ledit Guillemot d'avoir jamais fait aucun apprentiffage, ni chef-d'oeuvre du métier de Coutelier, défenfes lui ſoient faites d'exercer ledit métier de Coutelier en la ville de Thiers, & de tenir boutique en lad. ville, ſauf audit Guillemot à ſe retirer où bon lui ſembleroit, à peine de confiſcation de ſes marchandiſes, & de 1500 l. d'amende; & qu'il ſoit condamné aux dépens de ladite requête, ſignée, Boucher. L'acte étant enſuite, de donné copie d'icelle, & la ſignification qui en a été faite le 24 avril 1771, par Corbet, Huiſſier ordinaire aux Conſeils du Roi : la requête deſdits Guillemot, & Jurés Couteliers de Thiers, & tendante à ce qu'il plût à Sa Majeſté leur accorder les concluſions portées par leur requête inſérée audit Arrêt du Conſeil, & y ajoutant, permettre audit Guillemot, ainſi qu'en ont droit tous les maîtres Couteliers établis en la ville de Thiers, & même dans tout le Royaume, de marquer les couteaux, cizeaux & autres ouvrages provenant de ſa manufacture, *d'une palme couronnée*, avec défenſes à tous autres Couteliers de s'en ſervir, ni de la contrefaire, à la charge par ledit Guillemot de faire enregiſtrer lad. marque au Greffe de la Châtellenie de Thiers en la maniere ordinaire & accoutumée : ordonner que ledit enregiſtrement ſera fait audit Greffe, nonobſtant toutes oppoſitions ou empêchemens quelconques, pour leſquels ne ſera différé, & condamner leſdits Jurés Couteliers de Thiers en tous les dépens, qui ſeroient liquidés par l'Arrêt à intervenir; ladite requête ſignée, la Balme, Avocat: l'acte de donné copie étant enſuite, & la ſignification qui en a été faite le 8 juin 1771, par Maillard, Huiſſier ordinaire aux Conſeils du Roi, &c. OUI le rapport du ſieur Abbé Terray, Conſeiller ordinaire, & au Conſeil Royal, Contrôleur Général des Finances: LE ROI EN SON CONSEIL, faiſant droit ſur l'inſtance, a ordonné & ordonne, que l'article VI de l'Edit du mois de décembre 1581, ſera exécuté ſelon ſa forme & teneur. En conſéquence, a maintenu & maintient ledit *Antoine Guillemot*, en qualité de maître Coutelier à Paris, dans la faculté d'exercer ſon métier, tant dans la ville de Thiers, que dans tels autres bourgs & lieux du Royaume, où il voudra demeurer; d'y fabriquer tous ouvrages de coutellerie énoncés dans les Statuts & Réglemens de la Communauté des Couteliers de Paris, & d'y tenir boutique ouverte, pour la vente & débit desdits ouvrages, sans être tenu d'y faire aucun chef-d'œuvre, ni payer aucun droit de réception ou installation, & ce nonobstant tous Statuts & Réglemens locaux, à l'exécution desquels Sa Majesté le déclare ne pouvoir être astreint, à l'exception néanmoins de ceux qui concernent l'emploi des matieres & la marque des ouvrages; & à la charge par led. Guillemot de souffrir la visite des Jurés, Gardes, Visiteurs de la Communauté des Couteliers de Thiers, ou des autres lieux où il sera sa résidence, rélativement à la police, sur les matieres & autres objets des réglemens généraux de commerce seulement, & sans être tenu d'aucunes autres charges envers lesdits Jurés ou Communauté: Donne acte, Sa Majesté, audit Guillemot, du choix par lui fait, *d'une palme couronnée*, pour la marque de ses ouvrages de sa fabrique, à la charge par lui de faire enregistrer ladite marque au Greffe de la jurisdiction du lieu de sa résidence. Fait défenses aux Jurés, Gardes, Visiteurs de la Communauté des Couteliers de Thiers, & à tous autres, de troubler led. Guillemot dans l'exercice de son métier, & à tous Couteliers de lad. ville de ſe ſervir de la marque par lui choiſie, ou de la contrefaire : Condamne leſd. maîtres Jurés, Gardes, Viſiteurs des Couteliers de Thiers ſolidairement en 350 liv. de dommages-intérêts envers ledit Guillemot & les Jurés de la Communauté des Couteliers de Paris, & aux coûts, levée, contrôle & ſignification du préſent Arrêt, lequel ſera inſcrit par le premier Huiſſier requis, ſur le regiſtre des délibérations de la Communauté des maîtres Couteliers de Thiers, aux frais des Jurés, Viſiteurs de ladite Communauté. FAIT au Conſeil d'Etat du Roi, tenu à Fontainebleau, le quinze octobre mil ſept cent ſoixante-onze.

Collationné. *Signé*, DE VOUGNY. Contrôlé le ſept novembre 1771. *Signé*, LECOUTURIER.

Collationné par Nous Ecuyer, Conſeiller-Secrétaire du Roi, Maiſon, Couronne de France & de ſes Finances.

LA BALME.

Du 7 Décembre 1771.

Ordonnance de M. le Lieutenant-Général de Police, qui déclare une saisie faite par les Jurés Tourneurs sur le sieur Duval, ouvrier forain, bonne & valable, pour n'avoir pas porté ses ouvrages sur le carreau de la Halle, & n'en avoir pas fait sa déclaration au bureau de ladite Communauté; & cependant ordonne par grace & sans tirer à conséquence, que les marchandises saisies seront rendues; & condamne ledit Duval aux dépens.

Du 14 Décembre 1771.

Ordonnance de M. le Lieutenant-Général de Police, qui déclare une saisie faite à la requête des Jurés Tourneurs, sur le sieur Marienval, Ebéniste sans qualité, demeurant fauxbourg S. Antoine, de métiers à broder, bonne & valable; & que cependant ordonne par grace, que les marchandises saisies seront rendues audit Marienval, en payant 30 liv. pour les frais.

Du 15 Février 1772.

Ordonnance de M. le Lieutenant-Général de Police, qui déclare une saisie faite à la requête des Jurés Tourneurs, sur le nommé Ramelot, forain, bonne & valable; & cependant ordonne que les marchandises saisies seront rendues audit Ramelot, en ce faisant par lui recevoir maître Tourneur, & condamne ledit Ramelot aux dépens.

SENTENCE,

Qui ordonne que tous Particuliers qui exerceront quelque Art & Métier, établis en Corps & Communauté, seront tenus de prêter serment entre les mains de M. le Procureur du Roi.

Du 24 Novembre 1715.

A TOUS ceux qui ces présentes Lettres verront; Charles-Denis de Bouillon, Chevalier, Marquis de Gaillardon, Seigneur de Bonnelles & autres lieux, Conseiller du Roi en ses Conseils, Garde de la Prevôté & Vicomté de Paris : SALUT. Sçavoir faisons, que sur ce qui nous a été remontré par le Procureur du Roi, qu'encore que les Particuliers faisant profession de quelque Art, Métier & Marchandises, établis en Communauté, soient obligés de se faire recevoir Maître & prêter serment pardevant lui ; il a néanmoins été averti que, dans plusieurs Communautés de Paris, il y a nombre de Particuliers qui font fonction de Maître, & tiennent boutique ouverte, sans avoir été reçus ni prêté ledit ferment ; & ce par connivence, tolérance des Gardes, Jurés ou autrement, ayant feulement été admis par eux, même dans les Corps des Marchands, & lefquels à l'égard des fils de Maîtres, prétendent fe difpenfer d'être reçus par ledit Procureur du Roi, & prendre Lettres de lui ; mais comme cette prétention eft du tout infoutenable, & contre le Titre & le Droit dudit Procureur du Roi, & que, d'ailleurs, il étoit important de remédier à l'abus de ces Particuliers, lefquels d'intelligence avec les Gardes & Jurés, faifoient fonction de Maître fans Titre. Requéroit ledit Procureur du Roi, qu'il fût ordonné que dans trois jours pour toutes préfixions & délais, après la Signification de notre Sentence qui interviendroit, les Particuliers qui font profeffion de quelque Art, Métier & Marchandifes, établis en Corps & Communauté, & qui ont été admis à la Maîtrife par les Gardes & Jurés feulement, fans avoir été reçus, ni pris Lettres dudit Procureur du Roi, fuffent tenus de prêter ferment pardevant lui, & prendre Lettres de Maîtrife, finon & à faute de ce faire, que défenſes leur fuſſent faites de faire fonction de Maître, & que la boutique qu'ils tiennent ſeroit fermée; & en cas de contravention, condamner les Contrevenans en trente livres d'amende, au payement de laquelle ils ſeroient contraints par corps: & enjoint aux Maîtres & Gardes & Jurés en Charge, de tenir la main à l'exécution de la Sentence qui interviendroit, laquelle ſera exécutée nonobſtant oppoſitions ou appellations quelconques. Nous, ayant égard à la Remontrance dudit Procureur du Roi, & faiſant droit ſur ſon Réquiſitoire, ordonnons que dans trois jours pour toutes préfixions & délai, à compter du jour de la Signification des préſentes, les Particuliers qui font profeſſion de quelque Art, Métier & Marchandiſes, établis en Corps & Communauté, & qui ont été admis à la Maîtriſe par les Gardes & Jurés ſeulement, ſans avoir été reçus ni pris Lettres dudit Procureur du Roi, ſeront tenus de prêter ſerment pardevant led. Procureur du Roi, & prendre Lettres de Maîtriſe: ſinon & à faute de ce faire, leur faiſons défenſes de faire fonction de Maître, & la boutique qu'ils tiennent ouverte, ſera fermée ; & en cas de contravention, condamnons les Contrevenans en trente livres d'amende, au payement de laquelle ils ſeront contraints par corps; Enjoint aux Maîtres & Gardes, & Jurés en Charge, de tenir la main à l'exécution de la préſente Sentence, laquelle ſera exécutée nonobſtant oppoſitions ou appellations quelconques : En témoin de quoi Nous avons fait ſceller ces Préſentes, qui furent faites & données, par Meſſire Marc-René de Voyer de Paulmy d'Argenſon, Chevalier, Conſeiller d'Etat ordinaire, & Lieutenant Général de Police de la Ville, Prevôté & Vicomté de Paris, le Vendredi vingt-quatre Novembre mil ſept-cent treize. *Signé* TARDIVEAU. Collationné & Scellé.

SENTENCE DE POLICE,

Rendue en faveur de la Communauté des Maîtres Tourneurs ; Contre le sieur Loyer, Maître Fondeur, & les Jurés Fondeurs : Qui déclare bonne & valable la saisie faite sur ledit Loyer, sans avoir égard à l'intervention des Jurés Fondeurs.

Du 20 Juin 1766.

NOUS, aprés avoir délibéré sur les pieces & dossier des parties, recevons celles de Petit J. L. partie intervenante, au principal, sans avoir égard à leur intervention, disant que les Statuts, Arrêt & Réglement concernant la Communauté des Maîtres Tourneurs, seront exécutés selon leur forme & teneur, & notamment l'Article 19 desdits Statuts : en conséquence, déclarons bonne & valable la saisie faite par les parties de Cornisset sur celle de Quevauvillier, le 9 Avril 1764, des pistons de bois & autres effets saisis dont est question ; disons que lesdits effets sont & demeureront confisqués au profit des parties de Corniſſet, que nous autoriſons à les faire vendre en leur Bureau, en la maniere ordinaire; faiſons défenſes à la partie de Quevauvilliers & à celle de Petit J. L. d'entreprendre ſur l'état & profeſſion des parties de Corniſſet, & de tourner elle-même les piſtons de poupe & autres morceaux de bois; & pour l'avoir fait, condamnons la partie de Quevauvilliers, en 20 livres de dommages & intérêts envers celle de Corniſſet, à l'effet de quoi, déboutons ladite partie de Quevauvilliers de ſon oppoſition à notre Sentence du 20 Mai 1764, laquelle ſera exécutée: Sur le ſurplus des demandes, mettons les parties hors de Cour, condamnons celle de Quevauvilliers & de Petit J. L. chacun à leur égard, aux dépens envers les parties de Corniſſet; & ſera notre préſente Sentence, imprimée & affichée à la Requête du Procureur du Roi, & tranſcrite ſur les Regiſtres des deux Communautés, exécutée, &c.

CEjourd'hui, 20 Janvier 1770, en l'Aſſemblée de la Communauté des Maîtres Tourneurs de cette Ville, Fauxbourgs & Banlieue de Paris, tenue en ſon Bureau, en la maniere accoutumée, depuis midi juſqu'à ſix heures de relevée, où elle a été convoquée par billets, en vertu de l'Ordonnance de Monſieur le Procureur du Roi, du 17 Janvier préſent mois ;

Par les ſieurs Jurés de préſent en charge, a été dit qu'il leur a été ſignifiée de la part des ſieurs Jurés & Communauté des Maîtres Tablettiers : Vu Arrêt de Noſſeigneurs du Parlement, au rapport de Me Tudert, Conſeiller d'icelle, tendant à enregiſtrement d'Arrêt du Conſeil du 23 Février 1767, revêtu de Lettres-Patentes, pour faire loi aux Tablettiers, Cordiers & Tourneurs, ſur le commerce des fouets, duquel Arrêt & Lettres-Patentes le prononcé ſuit.

A CES CAUSES, de l'avis de notre Conſeil, qui a vu ledit Arrêt dont l'extrait eſt ci-attaché, ſous le ſcel de notre Chancellerie, conformément à icelui, nous avons ordonné & ordonnons qu'aux Maîtres de la Communauté des Tablettiers, appartiendra exclusivement aux Tourneurs & Cordiers, de faire fabriquer, tourner, vendre & débiter des fouets, dont les manches & verges seront de bois exquis & étranger, ceux d'yvoire ou garnis d'yvoire, d'or & d'ébene, jets, nacre, de canne & de baleine, d'employer la canne & la baleine avec les Cordiers, de sculpter, incruster, de couper, marqueter, avanturiner, piquer, teindre en plein & en réserve lesdites marchandises, d'y faire tous les ornements, enjolivements de leur métier, & d'y attacher les montures & manches qui en dépendent; pourront aussi orner & enjoliver de tous les bois & matieres ci-dessus, les fouets de bois françois, à la charge néanmoins par eux, d'acheter les matieres & manches nécessaires auxdits fouets, qu'ils sont autorisés de vendre, des ouvriers qui ont le droit de les façonner & débiter : Ordonnons pareillement que les Maîtres de la Communauté des Cordiers, concurramment avec les autres Communautés, qui en ont le droit, d'employer la canne & la baleine, qu'à eux seuls Tourneurs appartiendra le droit, exclusivement aux Tablettiers, de tourner les manches, la baguette & la verge des fouets de toutes especes de bois, & de buis françois, & que les Maîtres Cordiers auront seuls la faculté de faire les manches de chanvre, lin & autre filasse dépendant de leur métier : permettons auxdits Maîtres Tourneurs & Cordiers, de vendre concurramment & exclusivement aux Tablettiers les fouets de bois françois, dont les manches, la baguette ou la verge seront tournés, de les garnir & enjoliver en plume, crin, maroquin, cuir, soie, corde à boyau, laniere, & en toute autre chose que bon leur semblera, & d'y attacher les montures, à la charge par eux d'acheter lesdites montures des ouvriers qui ont droit de les faire & vendre : Permettons aussi auxdits Maîtres Tourneurs & Cordiers de vendre, concurramment & exclusivement aux Tablettiers, ceux desdits fouets de bois françois & buis, dont le manche & la baguette ou la verge peut être préparée & mise en état de service, sans le secours du tour, & d'y attacher les montures, à condition qu'ils les acheteront des ouvriers qui ont droit de les faire & vendre : Ordonnons auſſi que les ouvriers ſans qualité, qui juſqu'à préſent ſont connus pour s'être occupés de la fabrique ou vente deſdits fouets, ſeront tenus dans l'eſpace de trois mois, à compter de l'enregiſtrement des préſentes, de ſe préſenter à la maîtriſe dans celle des trois Communautés des Tablettiers, Tourneurs & Cordiers que bon leur ſemblera, & payant par chacun d'eux au coffre de la Communauté dans laquelle ils entreront, la ſomme de 250 liv. le tout outre les frais entiers & ordinaires de réception, à condition qu'ils ne pourront s'occuper que de la fabrique & vente des fouets, ſeulement ; ſans pouvoir entreprendre ſur ces autres parties qui dépendent des matieres pour lequelles ils ſe deſtineront ; & dans le cas où aucun de ceſdits particuliers deſireroient embraſſer la totalité du travail de l'une deſd. Communautés ci-deſſus, ordonnons qu'il ſera payé dans la Communauté des Tablettiers, la ſomme de 600 liv. dans celle des Tourneurs, 500 liv. & dans celle des Cordiers, 400 liv. outre les droits ordinaires de réception : permettons aux filles ou veuves qui se seroient employées dans fabrication & vente des fouets, de donner qualité aux particuliers qu'elles épouseront, & d'entrer dans l'une des trois Communautés qu'elles jugeront à propos, à l'une des conditions ci-dessus prescrites, après lequel délai de trois mois lesdits ouvriers sans qualité pourront être saisis & poursuivis par les Jurés de ces Communautés qui en ont le droit. Si vous mandons, que ces présentes vous ayez à faire registrer le contenu en icelle, ensemble lesdits Arrêts, exécutés selon leur forme & teneur : Car tel est notre plaisir. Donné à Versailles, ce vingt-troisieme jour de Février, l'an de grace 1767, & de notre Regne le cinquante-deuxieme. *Signé* LOUIS. *Et plus bas*; Par le Roi, Phelyppeaux, avec grille & paraphe.

Lequel Arrêt, en date du 12 Février 1768, ordonne qu'avant de procéder à l'enregistrement desdites Lettres-Patentes, qu'elles seront communiquées à M. le Lieutenant-Général de Police & à M. le Substitut du Procureur-Général du Roi au Châtelet de Paris, pour donner leurs avis sur le contenu auxdites Lettres-

Patentes ; & qu'elles seront pareillement communiquées aux Juges & autres Maîtres de chacunes Communautés des Maîtres Tablettiers, des Maîtres Tourneurs & des Maîtres Cordiers de ladite Ville, respectivement convoqués & assemblés en la maniere accoutumée, pour donner tous leur consentement à l'enregistrement & exécution desdites Lettres-Patentes, oui dire autrement ce qu'ils aviseront, pour le tout, fait, rapporté & communiqué au Procureur Général du Roi, être par lui pris telles conclusions, & par la Cour ordonné ce qu'il appartiendra, ledit Arrêt dûment *signé* DUFRANC.

Laquelle signification dudit Arrêt faite, par le ministere de Me Angard, Huissier de la Cour, le 5 Janvier présent mois, à la requête desdits Jurés & Communauté des Maîtres Tablettiers, aux Jurés & Communauté des Maîtres Tourneurs, à ce qu'ils n'en ignorent, & ayent à y satisfaire & se conformer, avec déclaration, que lesdits Jurés Tablettiers n'entendent poursuivre l'enregistrement de ces Lettres-Patentes, qu'à la charge & non autrement qu'ils auront la concurrence

concurrence avec lesdits Tourneurs & tous autres, pour ce qui concernent les bois françois jusqu'au buis inclusivement, à l'égard des fouets qui seront tournés desdits bois ; le tout suivant & conformément aux Arrêts de la Cour intervenus entre les parties.

Qu'il seroit à propos de délibérer sur le parti qu'il y a à prendre sur cette signification, à l'effet de consentir ledit enregistrement, ou autrement y dire ce que la Communauté avisera, conformément & en exécution dudit Arrêt de la Cour susénoncé.

Sur quoi la matiere mise en délibération, la Communauté, en assemblée générale comme dessus, a autorisé & autorise par ces présentes, les Jurés de présent en charge, & ceux qui les succéderont, si besoin est, de signifier pour réponse à la signification qui a été faite à ladite Communauté le 5 du présent mois, de l'Arrêt rendu au Conseil, le 23 Février 1767, revêtu de Lettres-Patentes dudit jour 23 Février audit an, au sujet du commerce & fabrication des fouets.

Que la Communauté des Maîtres Tourneurs se renferme à demander l'exécution pure & simple de cet Arrêt, par lequel Sa Majesté les a maintenus dans l'exercice de cette partie de leur art, qui ne leur a jamais été contesté par aucune Communauté, & dont ils sont dans une possession tellement immémoriale & connue, que c'est de son propre mouvement & sans aucune sollicitation de leur part, que Sa Majesté les a conservés dans ce qui leur appartient à cet égard.

Cette maintenue & la possession des Tourneurs a sans doute pour point d'appui l'article 17 de leurs Statuts, qui leur permet d'employer toute sorte de bois.

La Communauté des Maîtres Tourneurs croit donc ne pouvoir mieux faire que de se soumettre pleinement à ce que lui accorde l'Arrêt du Conseil & Lettres-Patentes, n'ambitionnant rien au-delà ; observant que s'il étoit quelque Communauté assez mal conseillée pour vouloir morceler ce qui leur compete, les Tourneurs supplient Nosseigneurs les Magistrats de vouloir bien les entendre, c'est-àdire, leur permettre de contredire ce qui pourra tendre, dans les Mémoires de ces Communautés, à l'affoiblissement des droits appartenans par l'Arrêt & les Lettres-Patentes, aux Tourneurs ; & à cet effet ordonner que les Mémoires leur seront communiqués, auquel cas ils ne feront pas attendre leurs défenses.

A l'effet de quoi lesdits sieurs Jurés demeureront, par ces présentes, autorisés, comme ci-dessus, à faire tous Mémoires, répondre à tous autres, & faire généralement toutes démarches, avances & déboursés qu'il conviendra, dont ils seront remboursés suivant la quittance & certificat qu'ils en rapporteront, étant signé.

Ladite délibération est signée de tous les Maîtres de ladite Communauté.

TABLE DES MATIERES

Contenues au Recueil des Statuts des Maîtres Tourneurs.

A.

B.

C.

D.

E.

F.

T.

V.

Fin de la Table.

www.ingramcontent.com/pod-product-compliance
Lightning Source LLC
LaVergne TN
LVHW011957220826
846092LV00001B/198